Jonathan Byron's

DIE WELT IN 60 MINUTEN

DOMINIQUE DUBY

GOTT
in 60 Minuten

THIELE VERLAG

Inhalt

Intro

Kasachstan, im Jahre 2006. Wie jeden Tag geht ein Bauer – nennen wir ihn Serik – zu seinem Hühnerstall. Es ist nur ein notdürftig umzäuntes Fleckchen Erde inmitten der kasachischen Steppe. Aber heute wird ein besonderer Tag für Serik.

Wie jeden Morgen sammelt der Bauer seine Eier ein. Plötzlich stutzt er. Kratzt ein wenig Hühnerdreck von der Schale, sieht genauer hin. Und sein faltiges Gesicht verzieht sich ungläubig. Nein, keine Täuschung – auf dem Ei steht in die natürliche Maserung der Schale deutlich ein Wort geschrieben. Serik kann nicht besonders gut lesen, aber dieses Wort kennt er: *Allah.*

Ganz sanft und vorsichtig legt Serik das Ei zu Boden. Dann wirft er sich nieder, irgendwohin ausgerichtet, wo er Mekka vermutet. Und betet.

Danach nimmt er das Ei und reitet auf seinem asthmatischen Esel zum Dorf-Imam. Einen

Tag später ist die Geschichte in fast jeder Zeitung weltweit zu lesen. Passend dazu kommt aus Kirgistan die Meldung, ein Hahn habe »Allahu akbar« (Gott ist groß) gekräht.

So wie Serik ist es Menschen immer wieder gegangen. Christen glauben, irgendwo in der Natur ein Kreuz oder eine Erscheinung der Mutter Gottes zu sehen, Muslime glauben den Schriftzug Allah zu entziffern. Was aber ist daran wahr? Die katholische Kirche ist streng in der Beurteilung dessen, was als Wunder anerkannt wird und was nicht. Im Islam gibt es keine verbindliche Instanz für die Anerkennung von Wundern, hier sortieren die Gelehrten aus. Aber den Gedanken, daß sich Gott den Menschen über Wunder mitteilt, kennen fast alle Religionen.

Keine Frage – Gott ist ein Thema, das die Menschen wieder beschäftigt. Ganz gleich, ob sie schon immer gläubig waren, ob sie es geworden sind, oder ob sie ungläubig sind. Ob sie vage spirituell sind oder tiefverschleiert in die Moschee gehen. Ob sie für den Weltfrieden beten oder Bomben werfen.

Wer heute über Gott schreibt, faßt ein heißes Eisen an. Zwar ist Gott sehr vielen Menschen heilig, aber jeder hat eine andere Vorstellung von ihm. Trifft man die des einen, verletzt man die religiösen Gefühle des anderen – wie die beschönigende Formulierung dafür lautet, wenn man Fanatikern auf den Schlips tritt. Deshalb vertritt dieses Buch keine bestimmte Richtung, es macht keine Aussage darüber, ob Gott existiert oder welcher Gott wahrer ist als die anderen. Es stellt einfach verschiedene Vorstellungen von Gott vor – so daß sich jede Leserin und jeder Leser darin wiederfinden kann. Es will informieren, nicht indoktrinieren. Über ein Thema, das alle interessiert, über das jedoch nur wenige Bescheid wissen.

Die mysteriöse Geburt. Wer ist Gott?

Die meisten Menschen auf der Welt waren und sind teils bis heute Polytheisten – das heißt, sie glauben an mehr als einen Gott. Nach einer FOCUS-Studie von 2003 sind nur etwa 52,8 Prozent der Weltbevölkerung Monotheisten, glauben also an nur einen Gott. Das ist kaum mehr als die Hälfte – und das, obwohl die monotheistischen Religionen im Gegensatz zu den meisten anderen intensiv missionieren.

Der Hinduismus, eine Weltreligion, kennt viele Götter. Der Buddhismus keinen – zumindest keinen, der Einfluß auf die Menschen nimmt. Schamanistische Religionen (»Naturreligionen«), wie sie in Afrika und weiten Teilen Asiens verbreitet sind, lassen die Grenzen zwischen Göttern, Menschen und Geistern verschwimmen. Die Idee des einen Gottes ist noch relativ jung und religionswissenschaftlich gesehen ein Sonderfall.

Die Vorstellung von Göttern hingegen ist alt. Schon in der Steinzeit glaubten die Menschen an Götter. Fast ebenso alt ist auch die Kritik daran. Bereits im antiken Griechenland sagte der Philosoph Kritias von Athen (um 460–403 v. Chr.), ein listiger Mann habe sich Gott ausgedacht, damit Gottesfurcht die Menschen von Verbrechen abhalte. Die moderne Hirnforschung versucht Gott sogar im Scheitellappen des Gehirns auf die Spur zu kommen. Bei religiösen Verrichtungen sind hier Veränderungen meßbar – übrigens unabhängig davon, welche Religion ausgeübt wird. Manche Hirnforscher, wie Michael Persinger von der Laurentian University in Kanada, vertreten daher sogar die provokante (aber nicht neue) These: »Religion geschieht in unserem Gehirn.« Schuf also Gott den Menschen – oder der Mensch Gott?

Ebenso vage wie Gottes Herkunft sind die Vorstellungen der Menschen von ihm. Der griechische Philosoph Xenophanes (um 570–470 v. Chr.) sagte, jeder stelle sich Gott so vor wie sich selbst: die Griechen weiß, die Äthiopier schwarz, und wenn die Pferde Götter hätten, sähen sie wie Pferde aus. Und tatsächlich gibt es unzählige Gottesvorstellungen: als Tier, als Natur (Bäume, Quellen, Berge), als alter Mann mit Rauschebart, als große Urmutter, als reine Energie … Schafft sich der Mensch Gott nach seinem Abbild?

Ganz offensichtlich spiegelt Gott in den Religionen der alten Kulturen das Leben der Menschen: Er ist Vater oder Mutter, König oder Herr seiner Sklaven. Er hat Familie und geht sogar fremd, wie der griechisch-römische Zeus/Jupiter. Götter sind in Hierarchien geordnet und für bestimmte Aufgaben zuständig – wie die Menschen. Die Götter der Antike haben aber nicht nur bestimmte Aufgaben, die ihnen zugedacht sind. Sie werden auch mit Landschaften oder Tieren in Verbindung gebracht: Artemis, die Göttin der Jagd, ist auch die Herrin der Tiere. Überall in Griechenland gibt es heilige Berge und Quellen, die den Göttern zugeordnet sind – am bekanntesten ist der Berg Olymp, der Wohnsitz der Götter. Besonders deutlich sieht man den Bezug zur

Natur im alten Ägypten: Fast jede Gottheit wird durch ein Tier oder ein Naturphänomen symbolisiert, das ihr heilig ist: Der Nil für Chnum, die Sonne für Ra, der Himmel für Nut, der Schakal für Anubis …

Bilder der Göttin

Wie aber sahen die ältesten Bilder aus, die sich Menschen von Gott machten? Eines der ältesten kam vor hundert Jahren ans Licht: Der 7. August 1908 war ein schöner Tag in der österreichischen Wachau. Die Bauarbeiten an der Donauuferbahn nahmen ihren Gang. Seit wenig über einer Woche war aber etwas dazugekommen, das ungewöhnlich war: Befeuert vom Archäologiefieber der Zeit, begleitete ein Team von sieben Wissenschaftlern den Bau. Und der Aufwand sollte sich lohnen, weit mehr, als ihnen klar war: Aus nur fünfundzwanzig Zentimetern Tiefe, nicht weit von einem Herd, kam eine elf Zentimeter hohe Statuette ans Licht. Schnell wurde klar, daß es sich bei dem Kalkstein-Artefakt um nichts Alltägliches handelte. Die üppige

Frauenfigur mit großen Hängebrüsten, deutlich erkennbarer Scham und breiten Hüften sollte einer der sensationellsten Funde der Archäologie werden: die »Venus von Willendorf«.

Fünfundzwanzigtausend Jahre alt ist die einst mit Rötel bemalte, ansonsten völlig unversehrte Figur. Die mütterliche Gestalt in der Farbe der Fruchtbarkeit ist damit noch vor dem Höhepunkt der letzten Eiszeit angesiedelt. Sie ist nicht nur eine der ältesten Frauendarstellungen der Welt, sondern steht für eine Jäger- und Sammlerkultur, die von Europa bis Sibirien reichte. Überall in diesem Gebiet fanden sich ähnliche Figuren, bis heute wurden um die zweihundert gefunden. Die Venus selbst ist in einer Spezialvitrine im Naturhistorischen Museum Wien zu bewundern.

Aller Wahrscheinlichkeit nach ist die Venus von Willendorf ein Fruchtbarkeitssymbol. Das Mysterium von Geburt und Tod scheint den ältesten Gottesvorstellungen zugrunde zu liegen. Auf der Mittelmeerinsel Malta sind einige der besterhaltenen Steinzeittempel der Welt zu sehen. Hier bewundern Touristen und Forscher die gigantische

Göttinnenstatue von Tarxien: eine ursprünglich an die vier Meter hohe Frauenfigur mit breitem, gebärfreudigem Becken. Verglichen mit der Venus von Willendorf ist sie noch jung – sie stammt aus der Zeit von 3000 bis 2500 v. Chr.

Schon hier aber scheint mit dem Mysterium des Gebärens das des Todes verbunden zu sein. Korrespondierend mit den oberirdischen Tempeln finden sich im benachbarten sogenannten *Hypogäum* auch unterirdische: vorgeschichtliche Begräbnisstätten. Einer neuen Theorie zufolge diente selbst der berühmte Steinkreis von Stonehenge diesem Zweck. Im Tod scheint die Hoffnung auf ein Weiterleben schon angelegt: Wie Kinder im Mutterleib werden die Toten steinzeitlicher Gräber meist in Embryonalstellung begraben.

Der Typus der Muttergottheit (auch Urmutter, Große Göttin, *Magna Mater*/Große Mutter genannt) zieht sich bis in die geschichtliche Zeit hinein. Sie wird als Schwangere und Gebärende dargestellt. Lange vor dem Christentum kennt man Abbildungen von ihr als Mutter mit Kind – zum Beispiel die ägyptische Göttin Isis mit ihrem Sohn Horus. Oft wird sie mit Morgen- und Abendstern (dem Planeten Venus) verbunden. Offenbar stammte die steinzeitliche Urmutter aus Europa und wanderte in Richtung Vorderer Orient. Gemeinsam mit der Funktion des Schöpfens und Gebärens hat sie den gefährlichen Charakter chtonischer Götter – also von Göttern der Erde.

Die Große Mutter

Die Herrin über Tod und Geburt ist in den Religionen der alten Kulturen erstaunlich oft dem Wasser zugeordnet. Noch bei ihrer Nachfahrin, der Liebesgöttin Aphrodite/Venus im griechisch-römischen Kulturkreis, findet sich diese Vorstellung: Sie wird vor Zypern – einem der Kultorte der alten Muttergöttin – aus dem Meerschaum geboren. Wer ist diese geheimnisvolle Gottheit, die fast überall auf der Welt bekannt ist?

Über die vorgeschichtliche Muttergottheit weiß man bis heute nicht viel – Spekulationen blühen. Erst von dem Augenblick an, wo schriftliche Mythen existieren, wird das Bild klarer. Der babylonisch-sumerische Sagenkreis verrät besonders viel über sie. Zwei Göttinnen sind mit diesem Göttertyp verwandt: Die eine ist die sumerische Schlangengöttin Ereschkigal, die Herrin der Unterwelt und der Toten (die Häutung der Schlange steht für Wiedergeburt und ewiges Leben). Die andere ist Inanna, die Göttin der Liebe und Fruchtbarkeit, aber auch eine kriegerische Göttin. Um ihren toten Geliebten zurückzubekommen, geht sie in die Unterwelt. Sie unterwirft sich Ereschkigal. Inanna muß ihre Machtinsignien ablegen. Darauf wird sie getötet und schließlich wiedergeboren.

Inanna und ihr toter Geliebter – ein typisches Motiv für die Große Mutter, denn Fruchtbarkeit der Vegetation und menschliche Erotik hingen in den alten Kulturen zusammen: Oft ist die Liebesgöttin die Geliebte des Fruchtbarkeitsgottes. Geburt und Tod der Vegetation spiegeln den Jahreskreis. Der Mythos ist in allen Kulten ähnlich: Die weibliche Liebesgottheit hat einen männlichen Partner, der stirbt und von ihr wiederauferweckt wird. Beispiele für solche Götterpaare gibt es viele: Isis und Osiris im alten Ägypten, Adonis und Astarte bzw. Ischtar im Vorderen Orient.

Liebe und Fruchtbarkeit

Kaum ein Aspekt dieser Fruchtbarkeitskulte hat die Phantasie so beflügelt wie der Geschlechtsverkehr zu Ehren der Gottheit. Letztlich weiß man darüber sehr wenig. Es ist anzunehmen, daß schon die Sumerer die »Heilige Hochzeit« als kultische Vereinigung zwischen Gott und Mensch kannten, vollzogen durch eine Priesterin der Inanna und den König. Die spätere babylonische Tempelprostitution weckte Männerphantasien: Der griechische Schriftsteller Herodot behauptet gar, die Babylonierinnen müssten sich einmal für einen Fremden prostituieren, ehe sie überhaupt heiraten durften. Diese Annahme ist jedoch sehr umstritten. Als gesichert gilt nur, daß es Prostituierten-Priesterinnen, sogenannte *Hierodulen*, bis weit in die griechische Antike gegeben hat – und in Indien bis heute gibt.

Liebe und Fruchtbarkeit sind aber nur ein Aspekt dieser alten Muttergottheit. Der andere ist Gewalt und Zerstörung: Inanna ist nicht nur die sumerische Liebesgöttin, sondern auch die des Krieges. Noch deutlicher steht Ereschkigal für diesen düsteren Aspekt der Mutter. Übrigens verehrt man in Indien bis heute eine vergleichbare Göttin: die schwarze Kali, die auf den Schlachtfeldern tanzt. Kali ist die Ehefrau des ekstatischen Shiva – des Gottes, der tanzend oder in Form eines Phallus dargestellt wird, des Lieblingsgottes der Hippies, weil ihm der Hanf zugeordnet ist. Kali beschützt vor Dämonen, ist aber auch der verkörperte Zorn: Sie streckt die Zunge heraus, trägt eine Halskette aus Menschenschädeln und eine Sichel in der Hand. Ihre Ohren zieren tote Kinder, abgeschlagene Arme sind ihr Rock. Auch sie ist Kriegsgöttin und Erlösung in einem: die Erde, in welche die Toten kommen und aus der alles Leben entsteht.

Ein Schöpfungsmythos

Auch wenn der Typus der Fruchtbarkeits- bzw. Muttergöttin einmal eine sehr prominente Stellung eingenommen hat – noch gibt es wenig gesicherte Erkenntnisse über sie. Daß Muttergottheiten aber in irgendeiner Form einst den Glauben der Menschen beherrschten, darauf deutet vieles. Unter anderem der babylonische Schöpfungsmythos Enuma Elisch. Denn hier macht sich ein Mann auf, um der göttlichen Matrone die Herrschaft streitig zu machen: In alter Zeit wurde die Welt von der Göttin des Salzwassers beherrscht: der furchtbaren Tiamat. Ihr Name bedeutet »Sie, die alle gebar«. Tiamat ist Mutter, Weltschöpferin und Tod zugleich. Doch ihre Ruhe wird gestört: Ihr Enkel Marduk und seine Götterfreunde erheben sich. Das läßt sich die große Mutter nicht bieten: Schon hat sie den Chaosdrachen Kingu geboren. Jetzt bringt sie eine ganze Armee von Ungeheuern hervor und führt sie zum Krieg gegen die jüngeren Götter – die weibliche Gebärkraft wird unheimlich. Im Zweikampf überwindet Marduk schließlich Tiamat. Er spaltet die Furchtbare und schafft aus ihren Teilen Himmel und Erde, eignet sich also ihre Schöpferkraft an. Aus Kingus Blut und Lehm formen er und sein Vater den Menschen.

Ursprünglich ein kleiner Stadtgott, steigt Marduk so zum Herrn der vier Weltgegenden auf.

Wissenschaftler gehen davon aus, daß dieser Schöpfungsmythos ein sogenannter ätiologischer Mythos ist – ein Mythos, der erklärt, warum die Dinge so sind, wie sie sind: in diesem Fall, warum Marduk der oberste Gott der Babylonier ist. Der Mythos illustriert aber auch, wie die alten Hochkulturen ständig die Zivilisation gegen das Chaos der Wildnis verteidigten: die Stadt mit ihren Hierarchien, die Ordnung, Schutz und Fruchtbarkeit garantieren. Deshalb wurde der Übergang von der Muttergöttin zum Gott-König oft als Übergang vom naturverbundenen Bauernleben zur städtischen Ordnung gedeutet. Sicher läßt sich nur sagen, daß diese Art Mythen – der Kampf gegen das Chaos, verkörpert durch ein meist weibliches Ungeheuer – typisch sind für die alten Hochkulturen des Mittelmeerraums. Ihr Kult und ihre Rituale stehen im Dienst des Kampfes gegen den ständig drohenden Untergang.

Gott ist also männlich geworden. Und mehr noch, er ist König und beherrscht jetzt ein ganzes

Pantheon von Familienangehörigen. Der neue Herr am Götterhimmel ist oft ein Himmels- und Wettergott, wie der griechisch-römische Zeus/ Jupiter. Noch ist Gott einer von vielen Göttern – wie lange noch?

Religiöse Flurbereinigung: Der Monotheismus und die Beseitigung der Konkurrenz

Anfang des neuen Jahrtausends erregte der Religionswissenschaftler und Ägyptologe Jan Assmann großes Aufsehen mit einer faszinierenden These: Der Monotheismus, der Glaube an den einen Gott, habe ein latentes Gewaltpotential, weil er keine anderen Götter duldet. Beim Wort Monotheismus denkt man meistens zuerst an Judentum, Christentum und Islam. Doch Assmann zeigt den fast vergessenen Ahnen der drei verschwisterten Religionen auf. Seine Forschungen gehen zurück zu einem spektakulären Experiment im alten Ägypten.

Das Echnaton-Experiment

Es war ein Schock für die Priester der mächtigen Tempel. Nie zuvor hatte ein König es gewagt, ihre Macht herauszufordern. Doch Pharao Amenophis IV. hatte seinen Coup sorgfältig geplant.

Die Priester in Ägypten besaßen traditionell ungeheuren Einfluß. Sie kamen aus den reichsten Familien des Landes. Die Orte ihres Wirkens, die Tempel, waren Wirtschaftszentren und geheime Macht zugleich. Ihre Orakel beeinflußten Entscheidungen über Krieg und Frieden, Gläubige vermachten ihnen beispiellose Schätze. Eigentlich war es Pharao, der nicht nur Herrscher, sondern auch oberster Priester war. Er verband Götter- und Menschenwelt. Nur über ihn konnten seine Untertanen mit der Götterwelt kommunizieren. In den Jahrhunderten war diese Aufgabe aber mehr und mehr den Priestern zugefallen. Vor allem die Priester des höchsten Gottes Amun-Ra hielten die eigentliche Macht im Reiche Pharaos in Händen – bis zu jenem Tag. Denn Amenophis IV. holte sich das Recht seiner Vorväter zurück.

Um 1350 v.Chr. wurden die Tempel der Götter geschlossen. Ihr unermeßlicher Besitz wurde beschlagnahmt, ihre Statuen wurden zerstört. Alle Götter mußten weichen – bis auf einen: Aton, den Gott der Sonne. Nicht als Person wie bisher zeigte man den einzigen Gott nun auf den Reliefs: Aton wurde transzendent, dargestellt als Sonnenscheibe mit Händen. Und das Schlimmste: Pharao änderte sogar seinen Namen und nannte sich fortan *Echnaton* (Der Aton gefällt). Sogar eine neue Hauptstadt hatte Echnaton mitten in der Wüste aus dem Boden gestampft – Kultzentrum und Machtzentrale in einem. Alle Fäden der Herrschaft liefen nun in seinen Händen zusammen. Seine Gemahlin Nofretete setzte er zur Mitregentin ein. Die schöne Frau, deren berühmte Büste heute im Pergamon-Museum in Berlin zu bewundern ist, war in alles eingeweiht. Mit dieser in der Geschichte einmaligen Tat war der Monotheismus geboren.

Vorübergehend hatte das Königspaar seine Gegner zum Schweigen gebracht. Doch im Geheimen warteten die Priester nur auf den

Moment, der ihnen ihre Macht wiederbringen sollte.

Ihre Stunde schlug, als einige Jahre nach Echnatons Tod sein Sohn Tutenchamun den Thron bestieg. Tutenchamuns Mumie sollte Weltruhm erlangen, zu Lebzeiten aber war er eine Marionette der Priesterschaft. Denn nun geschah etwas in Ägypten bis dahin Beispielloses: Echnatons Name wurde aus den Königslisten getilgt. Seine Bauten ließ man verfallen, seine Bilder – nach altägyptischem Glauben seine Eintrittskarte zur Unsterblichkeit – wurden zerstört. Echnaton sollte ausradiert werden aus der Geschichte. Nichts sollte mehr an den anmaßenden Pharao erinnern, der es gewagt hatte, die Macht der Priester herauszufordern.

Die Wissenschaft ist sich uneins, wie weit Echnatons Monotheismus wirklich ging. Eines aber ist klar: Zum ersten Mal hatte ein Gott für sich in Anspruch genommen, der »Einzige« zu sein.

Das Echnaton-Experiment war fehlgeschlagen, doch der Gedanke des Monotheismus war es nicht. Ein in Ägypten geborener Hebräer namens Moses sollte der nächste sein, der die Verehrung des einen Gottes verkündete.

Der einzige Gott

Im Alten Testament der Bibel, das für Christen und Juden gleichermaßen heilige Schrift ist, heißt es (Exodus 20,2): »Ich bin der, der dich aus der Knechtschaft in Ägyptenland herausgeführt hat. Du sollst keine anderen Götter neben mir haben.« Auch beim Propheten Hosea (13,4) findet sich das Bekenntnis zum Monotheismus: »Ich bin JHWH (Jahwe, Jehovah), dein Gott von Ägyptenland her, und du sollst keinen anderen Gott kennen als Mich und keinen Retter außer Mir allein.«

Jan Assmann sah in der Geschichte des Goldenen Kalbs (Exodus 32–34) die entscheidende Absage Moses an die ägyptische Religion. In Ägypten war die Verbindung zwischen Gott und Tier ja besonders präsent: Fast jedem Gott war ein Tier heilig, das als dessen Erscheinungsform galt. Die Götter waren sichtbar in ihren Kultbildern. Darüber hinaus fungierte Pharao als Mittler zwischen Götter- und Menschenwelt. Die Israeliten der Exodus-Geschichte sind von dieser Glaubenswelt geprägt. Zwar glauben sie an den Gott, von dem Moses spricht. Aber dieser Gott muß in irgendeiner Form sichtbar sein – Transzendenz ist bei ihnen nicht vorgesehen. Das führt zum ersten monotheistischen Gewaltakt.

Der Gott und das Goldene Kalb

Moses führt die Israeliten aus der Knechtschaft in Ägypten heraus. Auf dem Berg Sinai rastet man. Moses steigt auf den Berg, wo Gott ihm das Gesetz (die »Zehn Gebote«) offenbart. Während Moses aber die Gesetzestafeln von Gott empfängt, werden die Israeliten ungeduldig. Allzu lange ist er schon unterwegs. Wer weiß, was aus ihm geworden ist? Ohne ihren Mittler zu Gott fühlen sie sich orientierungslos. Schließlich gießen sie sich einen Ersatz: ein Kultobjekt in Form eines Kalbes. Rinder sind in der ägyptischen Mythologie sehr präsent: Die Liebesgöttin Hathor wird als Kuh dargestellt, und der Apisstier galt als heiliges Tier des Gottes Ptah. Sein Kult gehört zu den alten orientalischen Fruchtbarkeitskulten.

Im Goldenen Kalb ist Gott für die Israeliten wieder präsent. Gott selbst indes gefällt das überhaupt nicht. Gerade erst hat er dem Volk Israel gesagt, er sei ein eifersüchtiger Gott. Er hat verkündet, man solle sich kein Bildnis von ihm machen. Und er hat deutlich zu verstehen gegeben, daß er keine anderen Götter neben sich duldet (1. und 2. Gebot: Exodus 20,2–5). In seinem Grimm will er das ganze Volk kurzerhand vernichten, nur Mose Fürsprache rettet es. Eilig kommt Moses vom Berg herunter und findet seine Gefolgsleute, wie sie um das Kalb tanzen und es anbeten. Erzürnt zerschlägt er das Kultbild: der erste monotheistische Bildersturm.

Der Konflikt zwischen Kaiser und Gott

Die folgende Geschichte des Volkes Israel in der Bibel ist ein Wechselspiel von frommen Zeiten und Abfall vom Glauben an den einzigen Gott. Immer wieder erbost sich Gott über die

»Halsstarrigkeit« seines Volkes. Wissenschaftler gehen in der Tat davon aus, daß der jüdische Monotheismus im engeren Sinne erst spät entstand.

Die meisten Forscher sind der Ansicht, daß sich der jüdische Monotheismus nach dem Babylonischen Exil (nach 539 v. Chr.) herausgebildet hat. Damals soll eine »Jahwe-allein-Bewegung« um einige Jahwe-Priester an Einfluß gewonnen und sich schließlich durchgesetzt haben. Spätestens im zweiten Jahrhundert v. Chr. hat Gott aber seine Konkurrenten überwunden. Damals wurde Israel vom Reich der persischen Seleukiden unabhängig. Eine wissenschaftliche Theorie besagt, daß die Jahwe-allein-Bewegung Teil des Widerstandes gegen die Perser war. Vorkämpfer waren die sogenannten Makkabäer (nach Judas Makkabäus).

Heute geht man davon aus, daß Jahwe zuerst gemeinsam mit anderen Göttern verehrt wurde, ehe der jüdische Monotheismus entstand. Dafür spricht schließlich auch der Charakter Jahwes: JHWH ist nämlich zunächst nur der Gott des Bundes mit Israel: der Gott, der das Gesetz gibt und das Volk Israel aus Ägypten befreit. Erst sekundär wird er auch als Weltschöpfer genannt. Charakteristisch für den jüdischen Monotheismus ist außerdem, daß Gott unbenennbar ist. JHWH entzieht sich dem magischen Gottesverständnis: kein Bild, kein Name, keine anderen Götter.

Die frühen Christen sollte diese Einzigartigkeit Gottes in Schwierigkeiten bringen – und in Konflikt mit dem Gesetz. Von Beginn an wurde der christliche Monotheismus von den römischen Herrschern als Risiko wahrgenommen, möglicherweise als Rebellengruppe innerhalb des Judentums. Dafür spricht schon die Kreuzigung Jesu. Denn der Kreuzestod war die Strafe für Hochverräter und Rebellen. Auch der aufständische Sklavenanführer Spartacus starb so. Zum ersten Mal wendet sich Gottes Exklusivanspruch gegen seine Anhänger – der Beginn des Märtyrertums. Das griechische Wort bedeutet ursprünglich Zeuge: Zeuge des einen Gottes.

Die Christenverfolgung war aber keine Verfolgung des christlichen Gottes, wie manchmal zu hören ist. Die Römer waren vielmehr geradezu beflissen, andere Götter in ihren Götterhimmel aufzunehmen und zu verehren. Das Problem lag in der Politik: Mit Berufung auf den Monotheismus verweigerten die Christen nämlich den römischen Kaiserkult. Dieser war aber vor allem eine Loyalitätsbezeugung, die der Kaiser von seinen Untertanen einforderte.

Der Siegeszug des Christentums

Was als Religion von Wanderpredigern und der städtischen Unterschicht begonnen hatte, trat bald einen beispiellosen Siegeszug an: Im vierten Jahrhundert erreichte das Christentum den Hof des Kaisers: Konstantin der Große versprach den Christen im Jahre 313 im Mailänder Toleranzedikt freie Religionsausübung. Diese Handlung läutete die sogenannte Konstantinische Wende ein: Konstantin verbot zwar keineswegs die anderen Kulte, begünstigte jedoch das Christentum, zum Beispiel steuerlich. Im Jahre 380 wurde es dann unter Theodosius I. Staatsreligion. Doch während das christliche

Rom die halbe bekannte Welt beherrschte, sollte in seinen Grenzen ein dritter Monotheismus entstehen.

Gott und der Islam

Der hebräische Anruf Gottes *(El)* lautet Eloah. Ebenso wird im Arabischen der Gott *(al-Ilah)* mit Allah angerufen. Möglicherweise war Allah im alten Arabien nichts weiter als die Anrede für den jeweiligen Lokalgott; schon vor dem Islam hieß die Kaaba in Mekka *Bait Allah*, also Gottes Haus. Die Wissenschaft geht heute allerdings davon aus, daß Allah schon vor dem Islam als eigener Gott verehrt wurde. Und nicht zuletzt verwenden arabische Juden und Christen bis heute dieses Wort für Gott.

Auch im alten Arabien war Gott ursprünglich nicht allein: Der Koran nennt drei Göttinnen: Al-Lat (was als weibliche Form von Allah interpretiert wurde), al-Uzza (der Morgen- bzw. Abendstern) und al-Manat (wahrscheinlich eine Schicksalsgöttin). Diese drei weiblichen Gottheiten sowie der Gott Hubal, der Herr der (vorislamischen) Kaaba, wurden in Mekka und Umgebung verehrt. Außerdem waren Christentum und Judentum sowie die sogenannten Hanifen (ein arabischer Monotheismus) auf der Halbinsel bekannt. Der Islam versteht sich in der Tradition der monotheistischen Vorgängerreligionen: als die letzte und verbindliche Äußerung Gottes in einer Reihe von Offenbarungen.

Nachdem Muhammad und seine Anhänger in Mekka nicht hatten Fuß fassen können, wanderten sie nach Medina aus, wo Muhammad Verwandtschaft hatte. Diese Auswanderung im Jahre 622 (die *Hidschra*) markiert den Beginn der islamischen Zeitrechnung. In Medina lebten nicht nur Polytheisten, sondern auch drei jüdische Stämme. Muhammad suchte zunächst bewußt Kontakt zu anderen Monotheisten. Die Beziehungen verschlechterten sich allerdings rapide, als die Juden von Medina nicht wie erwartet den Islam annahmen. Ausschreitungen und Vertreibungen waren die Folge. Bereits früh erfolgten Kriegszüge gegen Mekka. Und schon in der Propagandaliteratur um Muhammad taucht das Wort *Dschihad* für diese Kriegszüge auf. Der Islam geht nämlich davon aus, daß die Kaaba in Mekka von Abraham erbaut wurde. Später soll sie von den Polytheisten zweckentfremdet worden sein. So wurde die Eroberung Mekkas im Jahre 630 n. Chr. als Wiedereroberung und Reinigung der Kaaba proklamiert: Mit Waffengewalt geht Gott gegen die Konkurrenz vor.

Zwar entwickelte das islamische Reich einen ausgesprochenen Expansionsdrang. Abgesehen vom Kampf gegen die Polytheisten wurde aber keineswegs mit Feuer und Schwert missioniert: Gegen bestimmte Auflagen durften Christen und Juden ihren Glauben weiter ausüben – durch den sogenannten Dhimmi-Status. Dadurch galten sie als geduldete Religionen und genossen den Schutz der Regierung. Allerdings wurde der Islam steuerlich begünstigt, ähnlich wie Konstantin es mit dem Christentum getan hatte. Erscheinen die Dhimmi-Gesetze aus heutiger Perspektive diskriminierend, waren sie doch ein Meilenstein: Erstmals gesteht eine monotheistische Religion anderen Glaubensgemeinschaften ein gesetzliches Existenzrecht zu, wenn auch nur ausgewählten.

Gott ist jetzt Alleinherrscher in den Gebieten, die von seinen Anhängern kontrolliert werden. Zeit für seinen Gegenspieler, auf den Plan zu treten.

Auftritt des Gegenspielers: Satan

Die meisten Religionen kennen böse Geister und Dämonen – die Griechen nannten sie *Diaboloi*. Aber nur in den monotheistischen Religionen wird einer von ihnen so prominent wie Satan: der Teufel, der Widersacher Gottes. Er ist die Antwort auf die Frage, warum schlimme Dinge passieren. Satan ist verantwortlich.

In der Bibel, im Koran, in der Tora hat er seinen Auftritt: abtrünniger Engel, Antichrist, Versucher, Einflüsterer falscher Offenbarungen und vieles mehr. Diábolos, den Verwirrer, nennt man ihn. Satan, den großen Ankläger. Beelzebub, den Fürsten Baal. Luzifer, den Lichtträger.

Die Vorstellung von zwielichtigen, ja, bösartigen Göttern gibt es auch in polytheistischen Religionen. Man nennt sie *Trickster* – Götter, die sich nicht entscheiden können, in welche Welt sie gehören, die mal gut, mal böse sind. Aber der Ahne Satans kommt vermutlich aus einer alten iranischen Religion.

Chefankläger und Mann fürs Grobe

Ahriman, in der älteren Form Angra Mainyu, ist der Zerstörer in der zoroastrischen Religion. Er ist derjenige, der das heilige Element des Feuers mit Rauch verdunkelt. Für jeden guten Geist, den Gott (Ahura Mazda) schafft, läßt er einen bösen entstehen. Sechstausend Jahre lang kämpft er gegen die guten Geister und soll letztlich überwunden werden. Die Entscheidung im Kampf zwischen Gut und Böse bringt der Mensch. Nur er ist sowohl guten als auch bösen Einflüssen ausgesetzt. Weder gehört er allein zur Sphäre des Guten noch zu der des Bösen. Also ist jede gute Tat ein Sieg über Ahriman.

Christentum, Judentum und Islam tun sich da schwerer. Immer wieder betonen sie ja Gottes Allmacht, von einem Kampf kann also keine Rede sein. Auf Hebräisch heißt Satan Ankläger – und genau das ist er in der jüdischen Tradition wohl ursprünglich auch gewesen: Gottes Chefankläger beim Jüngsten Gericht. Anfangs eher unbedeutend, gewinnt Satan nach dem babylonischen Exil und im babylonischen Talmud an Gewicht. Im Midrasch wird er genauer beschrieben: Er kann fliegen, er hüpft wie eine Ziege. Seinen großen Auftritt hat Satan aber im alttestamentlichen Buch Hiob.

Hiob ist ein gottesfürchtiger Mann. Er lebt in Glück und Wohlstand, hat eine große Familie, Vieh und Geld. Ein gemachter Mann, Gott ist stolz auf ihn. Aber nun tritt Satan auf den Plan. Es ist leicht, fromm zu sein, meint er, wenn man von Gott geliebt und beschützt wird. Aber würde Hiob auch noch so fromm sein, wenn Gott ihn im Stich läßt?

Gott läßt sich auf die Wette ein. »Siehe, alles, was er hat, sei in deiner Hand; nur an ihn selbst lege deine Hand nicht« (Hiob 1,12). Satan kann sein zerstörerisches Werk beginnen.

Nun beginnt ein grausamer Feldzug gegen einen, der sich nichts zuschulden kommen ließ. Hiobs einziges Verbrechen: seine Frömmigkeit.

Zuerst fallen sein Vieh und seine Knechte Satans Wut zum Opfer. Feuer regnet vom Himmel, Nachbarstämme erschlagen Hiobs Knechte und rauben seinen Besitz. Dann kommt seine Familie an die Reihe: Seine Kinder werden in den Trümmern ihres Hauses erschlagen. Und Hiob? Er trauert, bleibt aber standhaft: »Der Herr hat's gegeben, der Herr hat's genommen; Der Name des Herrn sei gelobt!« (1,21)

Unverdrossen setzen Satan und seine Agenten ihr zerstörerisches Werk fort. Vergeblich. Schließlich muß Satan passen. Am Ende schenkt Gott dem hart geprüften Hiob zweifach wieder, was ihm genommen wurde.

Auch in der Hiobsgeschichte bleibt Satan ein Geschöpf Gottes, ohne eigenen freien Willen. Hier ist er einer der »Gottessöhne« (1,6). Das Alte Testament assoziiert ihn aber auch mit Babylon, der Name Beelzebub (Fürst Baal) verweist darauf: eine Anspielung auf den höchsten Gott Babylons. Die Assoziation mit dem Gott der Feinde ist aber nur ein Aspekt Satans, und sie ändert nichts daran, daß er im Judentum kein wirklicher Widersacher Gottes sein kann. Alles, was er tut, tut er mit Wissen und sogar auf Befehl Gottes – der Mann fürs Grobe.

Widersacher und gefallener Engel

Das apokryphe (nicht kanonische) Judentum und später das Christentum gehen noch weiter. Hier wird Satan zum eigentlichen Widersacher Gottes: zum gefallenen Engel. Er bleibt also ein Geschöpf Gottes, aber eines, das sich gegen seinen Herrn auflehnt. Zur Strafe wird er aus dem Himmel verbannt.

Der Teufel pfuscht Gott ins Handwerk. Er durchkreuzt seine Pläne. Nicht einmal der Garten Eden ist vor ihm sicher: In Gestalt einer Schlange verführt er Eva, vom Baum der Erkenntnis zu essen und damit das Paradies zu verspielen. (In Genesis 3 ist nur die Rede von einer Schlange. Aber schon im Judentum nach der Babylonischen Gefangenschaft wird diese mit dem Teufel assoziiert.) Sogar bei Jesus versucht er sein Glück: Das Matthäus-Evangelium berichtet (Kapitel 4), wie der Sohn Gottes in der Wüste fastet. Fasten macht hungrig, und was läge näher, als ein paar Steine in Brot zu verwandeln, meint der Teufel. Und wie wäre es mit einem Beweis, daß Jesus wirklich Gottes Sohn ist? Macht und Geld? – »Weiche von mir, Satan!«, schickt Jesus ihn in die Wüste.

Inbegriff des Bösen

Im Christentum wird der Teufel endgültig zur Ursache des Bösen, geradezu zu dessen Inbegriff. Besonders prominent ist er in der Offenbarung des Johannes (12,7 und 9, aber auch 20,2).

War der Teufel anfangs trotzdem eher eine Randfigur gewesen, änderte sich das im Mittelalter. Ab dem zwölften Jahrhundert breitete sich die Teufelsfurcht von den Klöstern auch auf die Laien aus. Romanische Bauwerke sind voller Fratzen und Teufelsdarstellungen, die den Gedanken an Luzifer lebendig halten sollten. Das Diabolische wurde faszinierend, geradezu Mode. Möglicherweise hängt diese Faszination des Teufels auch mit Religionsgemeinschaften wie den Katharern zusammen: Bei den Katharern hat der Teufel als böser Widersacher fast göttliche Macht. Diese Rolle Satans brachte den Katharern den Vorwurf der Teufelsanbetung ein.

Aber die Teufelsfurcht sollte nicht nur den Vorwand für die Bekämpfung der Katharer liefern. Im zwölften und dreizehnten Jahrhundert war Caesarius von Heisterbach nicht der einzige, der den Teufel im Gewande der Frau vermutete. Im mittelalterlichen Christentum wurde der Teufel zunehmend mit Frauen in Verbindung gebracht. Bewies nicht die Geschichte von Eva, das Weib sei Ursache alles Bösen? Insbesondere die Eitelkeit als angeblich weibliche Sünde stand im Kreuzfeuer der Kritik. Frauen sollten schließlich demütig und bescheiden sein.

In den Hexenprozessen erlangt Satan eine neue Dimension: als Liebhaber der Hexen. Mit dem Teufel geschlafen zu haben war ein wichtiger Anklagepunkt in den Hexenprozessen. Ungezügelte Sexualität wird mit Satan in Verbindung gebracht und so in die Nähe der Ketzerei gerückt. Die Hexen sah man als Kultgruppe, die den Teufel anbetete. Die Walpurgisnacht auf dem Blocksberg, der »Hexensabbat« erschien wie eine teuflische Verzerrung des christlichen Kults.

Bei all dem blieb aber auch im christlichen Mittelalter der Teufel als Gottes Mann fürs Grobe erhalten: Er ist für die Bestrafung der Sünder in der Hölle zuständig. Die Phantasie bei der Ausmalung dieser Schreckensszenarien läßt sich in den Wandmalereien zahlloser Kirchen bewundern.

Die Karriere des Teufels im Islam

Auch auf der Arabischen Halbinsel versucht der Teufel sein Glück: als Verfälscher der Offenbarung.

Der Islam versteht sich als strenger Monotheismus – selbst die christliche Trinität ist vielen Muslimen suspekt. Gerade vom altarabischen Polytheismus der Mekkaner hat sich Muhammad stark abgesetzt. Die Götter der Mekkaner waren für ihn Dämonen oder einfach Humbug. Und doch, sollte er nie in Versuchung gewesen sein, seinen Stammesgenossen ein wenig entgegenzukommen? Schließlich war die Kaaba von Mekka damals nicht nur Heiligtum der Götter. Sie war auch ein Wirtschaftszentrum: Soziale Events fanden dort statt, Bündnisse wurden geschlossen, sie garantierte Frieden zu bestimmten Zeiten. Der gemeinsame Glaube der umliegenden Stämme sorgte für die Sicherheit des Handels – und bescherte nicht zuletzt Muhammads eigener Familie ein erkleckliches Einkommen aus dem Pilgergeschäft.

Die islamische Legende, Muhammad sei tatsächlich einmal schwach geworden, ist alt. In der 53. Sure »Der Stern« sollen die berüchtigten »Satanischen Verse« gestanden haben. Der Legende nach hat Satan sie dem Propheten eingeflüstert und gehofft, Muhammad werde sie für eine göttliche Offenbarung halten.

Worum geht es aber in diesen Satanischen Versen, deretwegen sich der Schriftsteller Salman Rushdie bis heute verstecken muß? Was sie so spektakulär macht, ist eines: Sie erkennen drei altarabische Göttinnen als Fürsprecherinnen vor Allahs Thron an, ja, als seine Töchter. Der Prophet soll den Schwindel aber bemerkt und schließlich die richtige Offenbarung gewählt haben.

Der Satanismus

In allen drei monotheistischen Religionen ist der Teufel also Teil des göttlichen Heilsplans. Was wäre Gott ohne seinen Widersacher?

Dieser Gedanke hat sogar eine eigene Religion hervorgebracht: Denn aus der christlichen Teufelsidee ist der moderne Satanismus entstanden. Seit dem neunzehnten Jahrhundert liegt Satan im Trend. Grundgedanke des Satanismus ist die Vorstellung, daß Satan dem Menschen seine Fähigkeiten erst bewußt macht: Als er Adam und Eva verführt, vom Baum der Erkenntnis zu essen, will er sie Gott ähnlich machen. Die Vergöttlichung des Menschen ist also ein Grundzug des modernen Satanismus. Der Teufel wird zum Verbündeten des Menschen.

Die Rechtfertigung Satans, des mißverstandenen Freundes und Helfers, war zu faszinierend, um keine Wellen zu schlagen: Aus dem literarischen Satanismus entwickelte sich die sogenannte Schwarze Romantik, die heute in der Gothic-Szene viele Freunde hat. Bald wurde auch der Begriff des Satanismus positiv umgedeutet. Der berüchtigte Okkultist Aleister Crowley (1875–1947) nahm in seinem Werk viele Gedanken der *Church of Satan* vorweg. Und mit der *Bible of Satan* von Anton Szandor La Vey bekam der Teufel sogar eine heilige Schrift. Heute ist der Satanismus vor allem bei Jugendlichen beliebt – auch der Teufel rebelliert schließlich gegen Althergebrachtes. Ob er dabei aber so weit gehen wird, Gott zu töten?

Mordfall Gott

Wenn Gott wirklich existierte, müsste man ihn umbringen!« Wenig zartfühlend meint es Michail Bakunin (1814–1876) mit Gott. Für den russischen Anarchisten war er vor allem eins: das Mittel der Mächtigen, die Menschen zu unterdrücken. Wer will, daß die Menschen frei sind, muß Gott bekämpfen.

Heute hingegen fordern freie Menschen, Gotteslästerung wieder strafbar zu machen. Dabei ist die Kritik an Gott nichts Neues. Es gibt sie, solange es den Glauben an Gott gibt. Wir wollen hier nicht jeden Religionskritiker einzeln aufführen, sondern vor allem zwei Formen von Kritik an Gott unterscheiden: einmal die philosophisch-naturwissenschaftliche Kritik, die Existenz Gottes widerspräche der Vernunft. Und andererseits die humanistische Position: Ob es Gott gibt oder nicht, ist letztlich gleich – er ist nicht gut für die Menschen, weil er nur zu Krieg und Unterdrückung führt.

Zweifel an Gott

Um das Jahr 411 v. Chr. war ein kleines griechisches Segelschiff unterwegs nach Sizilien. An Bord befanden sich nicht nur die üblichen mit Wachs versiegelten Weinkrüge und Olivenöl, sondern auch ein Mann auf der Flucht vor dem Gesetz: Protagoras, Philosoph und Menschenfreund, war in Griechenland wegen Gottlosigkeit verurteilt worden. Schwarze Wolken rasten über die Barke hinweg. Längst waren die Delphine verschwunden, die sonst die Schiffe begleiteten. Die Zeichen standen auf Sturm.

Die Sätze, die Protagoras (etwa 480–411 v. Chr.) die lebensgefährliche Anklage eingebracht hatten, waren auch die, die ihn berühmt machen sollten: »Der Mensch ist das Maß aller Dinge«, hatte er verkündet. Was die Götter betraf, könne er nicht sagen, ob sie existierten oder nicht. Allzu dunkel sei die Angelegenheit, das menschliche Leben einfach zu kurz, um sie zu ergründen. Das von Protagoras auch: Auf der Flucht nach Sizilien soll er im Sturm ertrunken sein. Dabei war Protagoras nicht der einzige Zweifler an

Gott und den Göttern. Kritias von Athen (etwa 460–403 v. Chr.) äußerte einen spektakulären Verdacht: Ein listiger Mann habe sich Gott ausgedacht. Warum? Weil Menschen nicht anständig genug seien, die Gesetze von sich aus zu befolgen. Mit der Angst vor Gott aber könnte man sie dazu bringen.

Kritias und Protagoras gehören zu einer Gruppe von Philosophen, die den Mächtigen als besonders suspekt galten: den Sophisten. Sie hatten entdeckt, daß es mit den absoluten Wahrheiten so eine Sache ist: daß man mit geschickten rhetorischen Kniffen sehr schnell das Gegenteil jeder Wahrheit beweisen kann. Ist die erste Kritik an Gott nur rhetorisches Geplänkel? Nein. Denn auch der Philosoph Epikur (341–270 v. Chr.) und seine Anhänger sahen die Religionen als bloßen Ausdruck menschlicher Ideen, Wünsche und Ängste.

Gottesbeweise

Selbst das Christentum war nicht frei von Zweifeln. Ausgerechnet fromme Männer wie Anselm von Canterbury (1033–1109) und Thomas von Aquin (1225–1274) brachten den Gottesbeweis in Mode. Philosophisch nicht ganz einwandfreie Gedankenspiele, wie von Beginn an kritisiert wurde. Vereinfacht ausgedrückt arbeiten Gottesbeweise mit Argumenten wie diesen: Alles in dieser Welt entwickelt sich auf ein Ziel hin – das muß von jemand gelenkt sein (teleologischer Gottesbeweis des Thomas von Aquin, wie er heute zum Beispiel von den Vertretern der *Intelligent Design*-Theorie vertreten wird). Kritiker halten dagegen: Es ist nicht gesagt, daß alles eine Ordnung hat und daß Entwicklung zielgerichtet verläuft. Und selbst wenn, braucht es dafür Gott?

Auch der ontologische Gottesbeweis des Anselm von Canterbury hat seine Tücken: Gott, sagt Anselm, ist etwas, über dem man sich nichts Größeres vorstellen kann. Er ist vollkommen – daher existiert er auch. Die Kritik daran ist klar: Nur weil der Begriff Gott existiert, existiert noch lange nicht Gott selbst. Sonst müsste es ja auch Vampire, Zombies und Godzilla geben.

Nicht besser erging es dem kausalen Gottesbeweis: Er geht davon aus, daß alles eine Ursache hat, es demzufolge eine erste Ursache geben muß. Diese erste Ursache ist Gott. Die Kritik hingegen meint: Es ist nicht gesagt, daß alles eine Ursache hat, und schon gar nicht, daß es einen Anfang dieser Ursachenkette gibt – die Welt kann ja auch ewig sein.

Man muß nicht beweisen, was niemand in Frage stellt. Die Geschichte der Gottesbeweise beweist vor allem eines: Selbst im angeblich so glaubensfesten Mittelalter wurde offenbar an der Existenz Gottes gezweifelt.

Gott vor dem Tribunal

Seit dem fünfzehnten Jahrhundert stellt die Religionskritik aber neue Fragen, die Gott noch viel gefährlicher werden als die Zweifel an seiner Existenz. Ihre Argumente sind schnell zusammengefasst: Religion führt nur zu Krieg und Unterdrückung. Sie sorgt nicht für ein friedliches Zusammenleben, für Moral und Glück, sondern für das Gegenteil: Wieviel Gott verträgt der Mensch?

Der humanistische Protest gegen die Religion sollte vor allem die Aufklärung prägen. Das »Zeitalter der Vernunft« ist geradezu berüchtigt für seine Religionskritik. Doch gerade einer der berühmtesten Verächter der Religion war eigentlich gar kein Religions-, sondern ein Kirchenkritiker: ein gewisser François-Marie Arouet (1694–1778), genannt Voltaire. Er wandte sich besonders gegen das Papsttum und glaubte auch nicht, daß Jesus Gottes Sohn sei. Gott selbst bezweifelte er indes nicht. Er hielt den Glauben an ihn sogar für so sinnvoll, daß er sagte: »Wenn es Gott nicht gäbe, müsste man ihn erfinden« (*Épître à l'auteur du livre des trois imposteurs*, 1770).

Im neunzehnten Jahrhundert wird die Frage, wieviel Gott die Gesellschaft verträgt, brisanter: Das Zeitalter der Industrialisierung läßt ein Proletariat entstehen, das in erbarmungswürdigen Umständen lebt. Kinderarbeit, niedrige Lebenserwartung, Krankheit und Elend prägen das Leben der neuen Unterschicht. Religion scheint die soziale Ungerechtigkeit zu zementieren. Aber nicht die ungebildeten Massen stehen auf gegen

Kirche und Staat. Es sind zunächst zwei erfolgreiche Söhne aus gutem Haus, die im Namen der Menschlichkeit Gott den Kampf ansagen.

Gott auf dem Seziertisch

Im Jahr 1841 erregte ein Büchlein mit dem Titel *Das Wesen des Christentums* Aufsehen. Geschrieben hatte es ein gewisser Ludwig Feuerbach (1804–1872), Sohn eines Starjuristen aus Frankfurt. Feuerbach war von Anfang an nicht gerade Gottes eifrigster Diener gewesen. In seiner Familie herrschte ein von der Aufklärung geprägtes, tolerantes Klima. In seinem Buch tut Feuerbach etwas bis dahin Ungewöhnliches: Er durchleuchtet die Religion zuerst aus der Perspektive des Verstehenden, ehe er sie kritisiert. Wie ein Naturwissenschaftler, nicht wie ein Gegner, geht er an sein Thema heran. Er nimmt die Religion ernst als einen Aspekt des Menschseins. Feuerbach legt Gott auf den Seziertisch.

Diagnose: Der Mensch schuf sich Gott nach seinem Bild. Gott ist eine Projektion des Menschen. Weil der Mensch gerne unsterblich wie

Gott wäre, redet er sich ein, Gott sei Mensch geworden. Aber durch den Glauben wird der Mensch dem entfremdet, was er wirklich ist. Denn nicht Gott soll der Mensch lieben, sondern die anderen Menschen. Wer zu sehr nach dem Himmel schaut, nimmt seinesgleichen nicht mehr wahr – Gewalt und Krieg sind die Folgen. Wenn der Mensch begreift, daß er durch die Religion sich selbst entfremdet wird, kann er zu seiner wahren Bestimmung finden. Denn die wahre Erfüllung, so Feuerbach, findet der Mensch erst in der zwischenmenschlichen Liebe. Erst wenn die Religion verschwindet, kann es eine menschliche Welt geben.

Gott als Opium des Volkes

Religion und Gesellschaft hängen eng zusammen. Dieser Ansicht war auch Karl Marx (1818–1883), der Feuerbach kannte und schätzte. Auch er ist als Sohn eines Justizrats ein Mann aus gutem Haus. Geboren wurde er noch als Jude. Als er sechs Jahre alt war, ließ der Vater die Kinder, dem eigenen Beispiel folgend, zum

Protestantismus konvertieren. Hatte Feuerbach Gott auf den Seziertisch gelegt, tut Marx dasselbe mit der Gesellschaft. Und diagnostiziert Gott als Gift – Ersatzbefriedigung in einer trostlosen Welt.

Religion, so Marx, ist eine Mangelerscheinung. Sie vermittelt Sinn in einer herzlosen Welt. Wäre die Welt besser, bräuchte man sie nicht: »Das religiöse Elend ist in einem der Ausdruck des wirklichen Elends und in einem die Protestation gegen das wirkliche Elend. Die Religion ist der Seufzer der bedrängten Kreatur, das Gemüt der herzlosen Welt, wie sie der Geist geistloser Zustände ist. Sie ist das Opium des Volkes.«

In seinem Elend täuscht der Mensch sich mit der Religion selbst. Daher ist »die Aufhebung der Religion als des illusorischen Glücks die Forderung seines wirklichen Glücks. (...) Die Kritik der Religion ist also im Keim die Kritik des Jammertals, dessen Heiligenschein die Religion ist.« Religionen vermitteln für Marx nur die Illusion von Glück. Sie verschieben es ins Jenseits. Aber der Mensch hat ein Recht darauf, schon hier, im

Diesseits glücklich zu sein. Wer gegen die Religion kämpft, will den Menschen ein wirkliches Glück gönnen.

Hier entfernt sich Marx von Feuerbach und wird vom philosophischen zum politischen Kritiker: Denn die Philosophen, so meint er, hätten die Welt nur verschieden interpretiert. Es komme aber darauf an, sie zu verändern. Der Mensch muß für den Menschen das höchste Wesen sein – und deshalb muß eine Gesellschaft umgestürzt werden, in welcher der Mensch geknechtet wird.

»Gott ist tot«

Eine Veränderung der Welt im politischen Sinne schwebte Friedrich Nietzsche (1844–1900) nicht vor. Doch auch er war der Ansicht, das Christentum habe alle guten Eigenschaften des Menschen pervertiert. Es vertrete eine lebensverneinende »Sklavenmoral«, in der alles, was der gesunde Mensch ablehnt (Krankheit, Armut und Tod etwa) als erstrebenswert und moralisch überlegen interpretiert würde. Daher müsse man all seine Werte umwerten. Man sollte bei diesen Worten bedenken, daß Nietzsche ein Zeitgenosse der Karmeliternonne Therese von Lisieux (1873–1897) war – jener Heiligen, die sich bewußt mit Tuberkulose infizierte und die es als ihre Aufgabe empfand, Gott im Leiden, in Armut und Krankheit zu lieben.

Nietzsches Gedanken sind bisweilen als antisemitisch mißverstanden worden. In Wahrheit richtet sich seine Religionskritik vor allem gegen das Christentum – er selbst war Pfarrerssohn aus einem streng protestantischen Elternhaus. »Gott ist tot!« ist wohl Nietzsches berühmtester Ausspruch. Seltener zitiert wird der Nachsatz dazu. Er verrät, daß Nietzsche diese Aussage nicht nur positiv sieht: »Gott bleibt tot! Und wir haben ihn getötet! Wie trösten wir uns, die Mörder aller Mörder?«

Nietzsche beschäftigt sich mit der Frage, wie eine Welt aussehen müsste, die keinen Gott mehr kennt. Gott ist tot, stellt er fest. Aber damit ist die Welt ihrer Mitte beraubt. Gottes Tod hinterläßt ein Vakuum. Was also kann an seine Stelle treten? Nietzsche plädiert für eine leichtere, lebensfrohere Moral: »Ich würde nur an einen Gott glauben, der zu tanzen verstünde!« läßt er verlauten. Die altgriechischen Dionysos-Kulte sind für ihn Inbegriff einer fröhlichen, ja, orgiastischen Religion – der sinnlichen Lebensfreude, an der es dem prüden ausgehenden neunzehnten Jahrhundert so sehr fehlte.

Gott auf der Couch

Marx und Feuerbach hatten die Gesellschaft und Gott auf den Seziertisch gelegt, Nietzsche hatte seinen Tod diagnostiziert. Der jüdische Arzt Sigmund Freud (1856–1939) schließlich legte Gott auf die Couch.

Freud gilt als Erfinder der Psychoanalyse. In der Religion sah er das Bedürfnis, die Verantwortung für das eigene Leben an eine Vaterfigur – Gott – abzugeben. Diese Vaterfigur, das sogenannte »Über-Ich«, sei der Teil der Psyche, die für die Unterdrückung und Sublimierung von Trieben verantwortlich ist. Wie für Feuerbach wohnt also auch für Freud Gott gewissermaßen im Gehirn des Menschen. Die Leugnung von

Trieben kann aber zu Neurosen führen, entdeckte Freud: Sie erzeugt Schuldgefühle. Daher sei ein zu starkes Über-Ich nicht gesund für den Menschen. Allerdings habe gerade die Sublimierung von Trieben auch zu den großen Kulturleistungen der Menschheit geführt.

Lieber Gott, erschlag meine Feinde – Gewalt im Namen Gottes

Geh durch die Stadt Jerusalem und zeichne mit einem Zeichen an der Stirn die Leute, die da seufzen und jammern über alle Gräuel, die darin geschehen. Zu den anderen Männern aber sprach er, so daß ich es hörte: Geht ihm nach durch die Stadt und schlagt drein; eure Augen sollen ohne Mitleid blicken und keinen verschonen. Erschlagt Alte, Jünglinge, Jungfrauen, Kinder und Frauen, schlagt alle tot; aber die das Zeichen an sich haben, von denen sollt ihr keinen anrühren. Fangt aber an bei meinem Heiligtum! Und sie fingen an bei den Ältesten, die vor dem Tempel waren. Und er sprach zu ihnen: Macht den Tempel unrein, füllt die Vorhöfe mit Erschlagenen; dann geht hinaus! Und sie gingen hinaus und erschlugen die Leute in der Stadt« (Hesekiel 9,4–7).

Krieg, Vertreibung, Massaker – stünde Gott vor dem Gerichtshof für Menschenrechte, hätte er nichts zu lachen.

In fast allen Religionen taucht das Motiv eines Gottes auf, der genau das tut, was Menschen gewöhnlich mit Strafe belegen – sanktioniert durch seinen Status. In dem Film *Pulp Fiction* läßt Quentin Tarantino einen Profikiller bei der Arbeit aus der Bibel zitieren. Besonders die monotheistischen Religionen, vor allem Christentum und Islam, scheinen anfällig dafür, mit Gott Gewalt zu rechtfertigen. Heiliger Krieg – das Unwort des Monotheismus.

Mit dem Anspruch Gottes, der einzige zu sein, gibt es zum ersten Mal das Kriterium von Wahr und Falsch in der Religion. Der »wahre« Glaube ist eine Erfindung des Monotheismus – alle anderen Religionen kennen zwar rivalisierende Kulte (um Kultorte, Anhänger oder Pfründe), aber keinen Kampf zwischen Wahr und Falsch. Wenn aber eine Religion wahrer ist als die anderen, ist es nicht weit zu dem Gedanken, daß die falsche Religion auch ein Feind ist. Und daß mein Feind der Feind Gottes ist. Und in der Tat ist der Monotheismus mit Gewalt durchgesetzt worden.

Religionen aufgrund ihrer heiligen Schrift als »gewalttätig« oder nicht zu klassifizieren ist allerdings schwierig: Die Geschichte zeigt, daß sich sowohl friedliche wie auch gewalttätige Ziele aus ein und derselben Schrift begründen lassen. Der »Charakter« einer Religion wird viel weniger durch ihre heilige Schrift bestimmt, als man meinen möchte.

Gewalt im Hinduismus

Im Hinduismus ist Gewaltfreiheit (Ahimsa, »Nichttöten«) eine Grundidee des Glaubens. Der Hinduismus ist in Europa und den USA fast durchweg als Religion der Gewaltfreiheit wahrgenommen worden. Mahatma Gandhi war der Inbegriff dieses friedlichen Hinduismus. Eine versöhnliche Religion. Doch 1992 endete dieser Traum in einer heiligen Stadt.

Das nordindische Ayodhya liegt an einem Nebenfluß des Ganges. Es ist eine der sieben heiligen Städte des Hinduismus: Der Legende nach wurde hier der Gott Rama geboren. Aber bis 1992 besaß Ayodhya auch eine Moschee aus der Blütezeit des indischen Islam, der Zeit der Mogulen: Über einem steil abfallenden, rötlich-staubigen Hang ragten die Kuppeln der Babri-Moschee empor.

1949 gab es für den Imam der Moschee ein böses Erwachen: Mitten in der Moschee hatten radikale Hindus über Nacht ein Kultbild von Rama und dessen Gattin Sita aufgestellt. Lautstark verkündeten sie, der Gott selbst hätte sich an seinen angestammten Platz zurückbegeben. Rama sei an seinen Geburtsort zurückgekehrt und habe ihn in Besitz genommen – ein göttliches Zeichen! Alsbald reisten Gläubige an, die Moschee wurde teilweise gesperrt.

1984 forderte ein Mitglied der indischen Volkspartei, den Bau komplett abzureißen und an seiner Stelle einen Rama-Tempel zu errichten. Die Spannung eskalierte am 6. Dezember 1992:

Zehntausende extremistischer Hindus zerstörten die Moschee. Offenbar planvoll: Videoaufnahmen belegen, daß die größtenteils von auswärts angereisten Fanatiker bestens mit Geräten und Dynamit ausgerüstet waren. Innerhalb weniger Stunden war das Baudenkmal eine Ruine. Bei den Ausschreitungen, die daraufhin im ganzen Land folgten, gab es mehr als zweitausend Tote. Noch immer ist die schwerbewachte Ruine der Babri-Moschee umkämpft: Zuletzt versuchten im Jahr 2005 muslimische Bewaffnete auf das Gelände einzudringen. Und den Befürwortern des neuen Rama-Tempels stehen nun Muslime gegenüber, die den Wiederaufbau der Moschee fordern – alle im Namen Gottes.

Die Ereignisse von Ayodhya waren für westliche Beobachter um so überraschender, als die Gewalt hier von Hindus ausging und die Opfer meist Muslime waren.

Bis 1992 hatte in Westeuropa kaum jemand gewusst, daß es einen Hindu-Fundamentalismus überhaupt gab. Dennoch kennt auch der Hinduismus Gewalt im Namen der Religion. Insbesondere die Ksatriya, die Kriegerkaste, findet in heiligen Büchern wie dem Mahabharata oder der Bhagavadgita eine Legitimation für Gewalt, etwa im »pflichtgemäßen Kampf«, befohlen durch den Gott Krishna. Die meisten westlichen Beobachter kannten indes nur den Begriff des islamischen Dschihad.

Gewalt im Islam

Das arabische Wort *Dschihad* bedeutet zunächst einfach Anstrengung. Muslime unterscheiden zwischen »großem Dschihad«, der innerlichen Anstrengung für den Glauben, und »kleinem Dschihad«, dem, was man im weiteren Sinne den »heiligen Krieg« nennen kann. Was aber sagt der Koran dazu?

In Sure 2,190 wird Gewalt zuerst nur im üblichen Rahmen der beduinisch geprägten Gesellschaft legitimiert und jeder allzu große Eifer verurteilt: »Und kämpft um Gottes willen gegen diejenigen, die gegen euch kämpfen! Aber begeht keine Übertretung! Gott liebt die nicht, die Übertretungen begehen.«

In den folgenden Versen ist die Sache problematischer: »Und tötet sie (die heidnischen Gegner), wo immer ihr sie zu fassen bekommt, und vertreibt sie, von wo sie euch vertrieben haben! (…) Jedoch kämpft nicht bei der heiligen Kultstätte (von Mekka) gegen sie, solange sie nicht (ihrerseits) dort gegen euch kämpfen! (…) Und kämpft gegen sie, bis niemand (mehr) versucht, (Gläubige zum Abfall vom Islam) zu verführen, und bis nur noch Gott verehrt wird!«

Zu sagen, daß der Koran Gewalt generell befürworte, wäre allerdings falsch: Kriegerischen Passagen im Koran stehen solche gegenüber, die Gott das alleinige Recht zur Gewalt zusprechen und zum friedlichen Umgang mit Andersgläubigen aufrufen.

In der Geschichte des Islam hat es von Anfang an Kriegszüge gegeben. Muslime rechtfertigen diese gewöhnlich als Verteidigungskriege, was einer strengen historischen Prüfung jedoch nicht standhält. Die verherrlichende Propagandadichtung der ersten Jahrhunderte kommt immer wieder auf ein Konzept aus dem achten Jahrhundert zurück: das Dar al-Islam, die islamischen Gebiete als »Reich (wörtlich: Haus) des Friedens«, und das Dar al-Harb, die nichtislamischen als »Reich des Krieges«. Feldzüge der Kalifen wurden gerne als Dschihad gefeiert – ganz gleich, welchen Grund sie tatsächlich hatten.

Trotz dieser durchaus kriegerischen Rhetorik ist der Islam insgesamt im Mittelalter viel friedlicher gewesen, als man erwarten möchte: Der Pragmatismus siegte über den Glaubenseifer. Heute hingegen ist der Dschihad in einer nie dagewesenen Weise brisant geworden. Islamistische Terrorgruppen bedienen sich eines religiösen Vokabulars. Der moderne Dschihad wendet sich nicht nur gegen den »sündigen« Westen. In noch größerer Zahl fallen ihm angeblich »verwestlichte« eigene Glaubensgenossen zum Opfer. Nicht immer ist er so spektakulär wie die Anschläge vom 11. September. Oft sind die Opfer Frauen, deren Lebensstil den Terroristen nicht zusagt. In Algerien, Afghanistan und vielen anderen Ländern werden unverschleierte Frauen Opfer von Säureattentaten, Vergewaltigungen oder Mord durch Radikale. Aber auch Journalisten, kritische Theologen oder Religionskritiker stehen im Fadenkreuz des Dschihad-Terrors.

Gewalt im Christentum

Nicht nur bei islamistischen Terrorgruppen tendiert das politische Vokabular mehr und mehr zur Religion: Als 1990/1991 US-Truppen gegen den Irak zu Felde zogen, blieb die Rhetorik auf beiden Seiten säkular. Doch als Anfang des neuen Jahrtausends wieder amerikanische Flugzeuge über den Irak flogen, sprach Saddam Hussein, der sozialistische Diktator, plötzlich vom Dschihad. Und George W. Bush nannte seinen Krieg einen »Kreuzzug«.

Der Kreuzzug – ein beliebtes Motiv. Vom Kreuzzug gegen Alkohol und Drogen ist die Rede. Von dem gegen den Terror. Umgekehrt beteuern Islamisten, gegen die »Kreuzfahrer« zu kämpfen.

Tatsache ist: Auch das Christentum kennt den monotheistischen Exklusivanspruch. »Ich bin der Weg, die Wahrheit und das Leben«, sagt Jesus (Johannes 14,6). Andererseits gebietet schon das Alte Testament: »Du sollst nicht töten.« Die Bergpredigt im Neuen Testament ruft ebenfalls zum Frieden auf. Und doch haben gerade das christliche Mittelalter und die frühe Neuzeit traurige Berühmtheit durch Gewalt erlangt.

1095 tat Papst Urban II. etwas, das die Welt verändern sollte. Vorausgegangen war ein Hilferuf des byzantinischen Kaisers Alexios I. Komnenos an den Papst, ihm beizustehen bei seinem Kampf gegen die Seldschuken. Alexios hatte Angst. Angst um sein Reich. Auch wenn Byzanz die Glaubenshoheit des Papstes seit 1054 nicht mehr anerkannte, würde doch ein Christenmensch den anderen nicht im Stich lassen – oder?

Für Urban II. war dieser Hilferuf – wenn es ihn überhaupt gab, was bisweilen bezweifelt wird – eine Gnade des Himmels. Byzanz hatte seit dem morgenländischen Schisma von 1054 eine eigenständige Kirche. Rom sah das mit Mißfallen. Auch innerhalb der katholischen Christenheit gab die Kreuzzugsidee Rom eine Waffe in die Hand, um Abtrünnige zu verfolgen. Und schließlich lag dem Westen politisch daran, Byzanz zu übertrumpfen, sahen sich doch der deutsche wie der byzantinische Kaiser als Nachfahren des Römischen Reiches. Beide leiteten daraus einen Führungsanspruch über die Christenheit ab.

Etwa zeitgleich hatte in Spanien die Reconquista eingesetzt: die Rückeroberung des arabischen Spanien durch die Christen. Mit Erfolg. Sollte es nicht auch im zersplitterten Mitteleuropa möglich sein, alle Kräfte zu bündeln und unter dem Banner von Kirche und Kaiser nach Osten zu richten? Urban dürfte keine Schwierigkeiten gehabt haben, den Kaiser für die Idee zu gewinnen, die so unabsehbare Folgen haben sollte.

Im November 1095 rief der Papst christliche Würdenträger zu einer Synode im französischen Clermont zusammen. Urban hatte seinen Plan geschickt eingefädelt: Geködert von der Aussicht, der Papst werde etwas für alle Christen entscheidend Wichtiges verkünden, reisten Menschen von weither an. In dramatischen Worten beschrieb Urban das Leiden der Christen im

Osten. Geknechtet und stets in Gefahr, von brutalen Sarazenen gemeuchelt zu werden, fristeten sie ihr Dasein. Wer nach Jerusalem, der heiligsten Stadt der Christenheit, pilgern wolle, sei seines Lebens nicht sicher …

Hungrig nahm das Volk die Rede auf. Der Auftritt war perfekt inszeniert. Angeblich wurde an diesem Tag bereits die Parole geprägt, die in den folgenden Jahrhunderten Furcht und Schrecken im Vorderen Orient verbreiten sollte: *Deus lo vult* – Gott will es.

Der Erste Kreuzzug erfüllte in Urbans Augen alle Kriterien dessen, was der heilige Augustinus einst als *bellum iustum* (gerechten Krieg) definiert hatte: Der Grund war »gerecht«: Die Christen schmachteten unter dem »unrechtmäßigen islamischen Joch«. Eine Autorität – Urban selbst – billigte ihn, und er diente dem guten Zweck, die heiligen Stätten zurückzuerobern, war also im weiteren Sinne ein »Verteidigungskrieg«.

Der Glaube, mit der bewaffneten Pilgerfahrt ein gutes Werk zu tun, ließ die Menschen in Scharen herbeiströmen. Denn die Kreuzzüge waren eine willkommene Gelegenheit für überzählige Adelssöhne, ihrer Situation zu entfliehen. Leibeigenen eröffneten sich ungeahnte Perspektiven – versprach der Papst ihnen doch die Freiheit, wenn sie auf Kreuzzug gingen. Bald marschierte ein gigantisches Heer von Freiwilligen nach Byzanz. Wenn Alexios tatsächlich um Hilfe ersucht hatte, wurde ihm spätestens jetzt mulmig. Hatte Urban nicht gewußt, was er losgetreten hatte?

Auch in Mitteleuropa gewann die in Clermont ausgelöste religiöse Begeisterung beängstigende Züge. Schon zur Zeit des Ersten Kreuzzugs wurden im Rheinland jüdische Gemeinden Opfer von Ausschreitungen. Und die Christianisierungswut der gewalttätigen Pilger erstreckte sich schnell auch auf ihre orthodoxen Glaubensgenossen. Alexios dürfte heilfroh gewesen sein, als das Heer weiter nach Syrien zog. Als im Jahre 1099 schließlich Jerusalem an die Kreuzfahrer fiel, geschah etwas, das über die Jahrhunderte Haß und Furcht im Orient auslösen sollte: Im Siegesrausch geriet die Einnahme der Heiligen Stadt außer Kontrolle. Was als frommes Werk gedacht war, sollte einer der unheiligsten Tage der Christenheit werden. Die Kreuzfahrer machten die Bewohner Jerusalems rücksichtslos nieder. Durch Seen von Blut watend, machten sie keinen Unterschied zwischen Muslimen, Juden und Christen. Das heilige Werk wurde zu einem einzigen Gemetzel.

Spätere Kreuzzüge verliefen meist ergebnislos. Mehr und mehr verlagerte sich die Gewalt im Namen des Christentums nach innen: gegen Abtrünnige, »Ketzer« und später die Hexen. Die bekanntesten innerchristlichen »Kreuzzüge« sind die gegen die Katharer oder Albigenser zwischen 1209 und 1229. Auch die Christianisierung Europas wurde jetzt verstärkt vorangetrieben: Nach dem elften Jahrhundert waren im Heiligen Land Orden von bewaffneten Mönchen entstanden: die Ritterorden. Die Kreuzzüge werden heute als etwas gesehen, das dem friedlichen Geist des Christentums widerspricht. Dennoch finden sich in der Bibel durchaus Stellen, die Gewalt verherrlichen – auch im Neuen Testament (Offenbarung 18,2–8). Ist Gewalt im Namen Gottes auch Gewalt mit göttlicher Erlaubnis? Um diese Frage zu beantworten, müßte man mit Gott kommunizieren können. Doch Stimmen vom Himmel und göttliche Rufe auf heilige Berge sind selten geworden. Wie telefoniert man mit Gott?

Ferngespräch nach oben: Kommunikation mit Gott

Inmitten einer geradezu magischen Landschaft in Griechenland liegt der Ort Delphi. Oberhalb des Bergdorfs, das wie ein Schwalbennest am Hang klebt, ragen die felsigen Gipfel des Parnassos auf, unterhalb setzt sich ein mit Olivenbäumen bepflanztes Tal sanft bis zum Meer hinab fort. In dieser Landschaft wie aus einer Legende stehen die Ruinen einer der bedeutendsten Tempelanlagen der Antike. Ihr Herzstück, der große Apollon-Tempel, war einmal das geheime Zentrum Griechenlands. Hier wurden die Fäden der Macht gesponnen, wurde über Krieg und Frieden entschieden.

Das Orakel spricht

Aus ganz Griechenland kamen Herrscher und Machtpolitiker hierher, um den Rat des Gottes von Delphi einzuholen. Die verschlüsselten Sprüche hatten den Ruf, immer recht zu behalten – niemand widersetzte sich ihnen. Jeder Besuch beim Orakel von Delphi war ein perfekt durchorganisiertes Ritual, dem sich jeder unterwerfen mußte.

Die Straße hinauf zum Heiligtum war gesäumt von Schatzhäusern, voll mit Opfergaben und Gold. Betrat man den Tempel in Richtung des Allerheiligsten, waberten sonderbar riechende Schwaden durch den Tempel. Hinter einem Vorhang saß auf ihrem Dreifuß die Apollon-Priesterin – die Pythia. Von den wahrscheinlich giftigen Dämpfen fast um den Verstand gebracht, stieß die heilige Frau unverständliche Laute hervor. Die Priester deuteten diese in einen Orakelspruch um – ein brisantes Geschäft mit der absoluten Macht.

Das Delphische Orakel sagte Niederlagen und Siege voraus, bekräftigte die Weisheit des Sokrates, machte Bündnisse und Kriege. Aber berühmt ist es für die Inschrift in der Vorhalle des Tempels: »Erkenne dich selbst.«

Der Kontakt der Schamanen

Die Idee einer Kommunikation mit Gott ist uralt. Von Anfang an versuchten Menschen, ihre Götter gnädig zu stimmen: in Kontakt mit ihnen zu treten, ihre Wünsche zu erkunden und diese durch die richtigen Geschenke zu befriedigen. *Do ut des:* Ich gebe, damit du mir gibst, ist eine der ältesten Formen von Religiosität. Schamanistische Kulte wie etwa in Afrika gehen davon aus, daß die Welt überhaupt nur durch den permanenten Kontakt zwischen Götter- und Menschenreich bestehen bleibt. Wenn ein Unglück passiert, hat man einen Gott oder Ahnen verärgert oder einfach vergessen. Durch die Kommunikation wird der Kontakt aufrechterhalten und Übel von den Menschen abgewendet. Er garantiert, daß man die Ursache für Unglück finden und beseitigen kann. Entsprechend wichtig ist der Mittler – und entsprechend mächtig.

Der Mittler

Nur selten spricht Gott mit jedermann. Wenn er es tut, um so spektakulärer:

Moses steigt auf einen Berg, begegnet oben Gott und kommt mit dem Gesetz wieder herunter – das Judentum ist geboren, der Pakt mit Gott beschlossen. Jesus sagt von sich, er sei der Sohn Gottes – das macht jede Begegnung mit ihm zu einer mit Gott. Und einige hundert Jahre später fielen die mekkanischen Araber aus allen Wolken: Da kam ein gewisser Muhammad, ein Kaufmannsgehilfe, und erklärte den mächtigen Priestern, ihre Inspirationen seien nichts wert. Dem heiligen Erzengel Gabriel wollte Muhammad begegnet sein, aus den Überlieferungen der Christen und Juden. Zuerst habe er es ja selbst nicht glauben wollen. Aber dann habe der Engel ihn so lange gepackt und gewürgt, bis er sich bereit erklärte, die Offenbarung zu empfangen – die Geburtsstunde des Islam.

Kommunikation mit Gott steht am Anfang der monotheistischen Religionen.

Tanz und Trance

In Brasilien kann diese Kommunikation aber auch ganz anders aussehen. Und wie vom

Land des Karnevals nicht anders zu erwarten, geht es dabei äußerst farbenprächtig zu: Oft mitten in den Armenvierteln ist ein Raum festlich geschmückt. Sitzplätze gibt es kaum, die Menschen drängen sich eng aneinander, versuchen einen Blick auf das Geschehen zu erhaschen. Trommeln spielen die alten Lieder. Männer singen in der afrikanischen Yoruba-Sprache. Die Rhythmen lassen das Herz schneller schlagen, im Takt der Trommeln. In einem Kreis in der Mitte tanzen die Eingeweihten, Frauen und Männer. Zuerst ahmen sie bewußt die Bewegungen der Göttin oder des Gottes nach, den sie ehren wollen. Nach und nach aber fallen sie bei den aufpeitschenden Klängen in Trance. Die Glieder beginnen automatisierte Bewegungen zu vollführen, wie Marionetten, die von einer unsichtbaren Hand bewegt werden. Im Duft von Räucherwerk werden die Blicke starr, die Gesten stereotyp. Manche stoßen dumpfe Laute aus.

In der Art und Weise ihres Tanzes und ihrer Bewegungen offenbart sich der Orixà – die Gottheit, die sie besessen hat: Sie bedient sich ihrer

Körper, um mit den Menschen zu kommunizieren. Besessenheit wird in schamanistischen Religionen (»Naturreligionen«) als etwas ganz Normales betrachtet. Auch ohne es zu wollen, kann jemand plötzlich vom Gott überfallen werden. Besessenheit macht die Gesellschaft auf die Bedürfnisse derer aufmerksam, die am Rand stehen und sich sonst nicht äußern können. Außerdem verschafft die Stellung des Mediums eine gesellschaftliche Position, die solche Menschen sonst nie erreichen könnten. Sie werden bei Krankheitsfällen etc. hinzugezogen: Das Medium fällt in eine Trance, in der es seinen Schutzgeist ruft, und bringt so in Erfahrung, was getan werden muß: ob ein Ahne gekränkt und vernachlässigt wurde, ob die Geister ein Opfer wollen etc. Danach erhält es Geschenke. In den meisten Fällen induziert das Medium die Trance, das heißt, es versetzt sich willentlich in diesen Zustand. Es stellt seinen Körper als Sprachrohr für die Geister zur Verfügung.

Besessenheit gibt es in allen Kulturen. Während Medien aber in Afrika und Südamerika angesehen sind und Besessenheit als eine Gabe betrachtet wird, hat das Christentum damit seine Schwierigkeiten. Christen sehen darin meist etwas Dämonisches – einen Teufel, der ausgetrieben werden muß. Exorzisten treten auf den Plan, bis heute. Schlimmstenfalls wurde Besessenheit als Kontakt mit dem Teufel, gar als Teufelsbuhlschaft interpretiert – und endete vor Gericht, im Hexenprozeß.

Gott zum Anfassen

Auch die monotheistischen Religionen kennen religiöse Formen, die der Besessenheit ähneln: im Christentum etwa die Stigmatisierung. Menschen weisen plötzlich die Wundmale Jesu am Kreuz auf, bluten auf unerklärliche Weise oder weinen Blut. Besonders bekannt hierfür ist Franz von Assisi. Auch der in Italien sehr verehrte Padre Pio (gestorben 1968) war ein Stigmatisierter. In vielen Fällen handelte es sich bei Stigmatisierungen allerdings nachweislich um Betrug.

Verbreiteter, auch in anderen monotheistischen Religionen, ist die Mystik. Durch bestimmte

Trancerituale wie im Islam bzw. durch Meditation im Christentum etwa kann eine unmittelbare Gottesschau erreicht werden. Muslimische Sufis bringen sich zum Beispiel mit rhythmischen Gesängen oder Tänzen in Trance, in der sie angeblich selbst Schwerter, die sie durchdringen, nicht spüren und auch danach keine Verletzungen aufweisen. Christliche Mystiker berichten von leidenschaftlich erlebten Lichtmomenten. In der christlichen Mystik wurde diese Erfahrung mit der Liebesekstase verglichen – eine Hommage an etwas, das ansonsten im Christentum tabu war.

Gott spüren, ihn sehen, erfahren, ist offenbar ein Bedürfnis gläubiger Menschen. Von Anfang an. Als der auferstandene Jesus seinen Jüngern begegnet war, so berichtet das Johannes-Evangelium (20,24 ff.), war der Jünger Thomas nicht anwesend. Es fiel ihm so schwer, einfach an Jesu Auferstehung zu glauben, daß er sagte: »Wenn ich nicht in seinen Händen die Nägelmale sehe und meinen Finger in die Nägelmale lege und meine Hand in seine Seite lege, kann ich's nicht glauben.«

Menschen brauchen in Religionen offenbar mehr als nur fromme Berichte: die sichtbare Gegenwart Gottes. Gott zum Anfassen. Die Religionswissenschaft nennt das *Epiphanie* – die Erscheinung Gottes. Es ist leichter, mit jemand zu kommunizieren, den man sehen kann. Zwei Dinge vor allem erleichtern diese Kommunikation mit Gott: Bilder und Rituale.

Bilder und Rituale

Mit den Bildern ist es im Monotheismus so eine Sache. Der Islam weicht wegen des Bilderverbots auf Geschriebenes aus. Wenn Serik auf seinem Hühnerei den Schriftzug *Allah* gesehen hat, ist das eine Form der göttlichen Epiphanie: Da Bilder streng verboten sind, zeigt sich Gott in seinem Namen. Im Christentum wurde das Bilderverbot weniger konsequent gehandhabt als in Judentum und Islam, die reiche Malerei belegt das. Katholische Heiligenbilder erinnern bisweilen an Götterstatuen. Und die Begegnung mit Gott selbst wird in der Eucharistie transzendiert: Statt eines Kultbildes gibt es Brot und Wein zu sehen.

Rituale hingegen gibt es in allen Religionen. Sie sind multimedial, sprechen alle Sinne an, um Gott erfahren zu können. So wird während der katholischen Eucharistie Weihrauch abgebrannt und danach gesungen. Bestimmte Bewegungen der Gemeinde (Kniefall, Aufstehen, Setzen) begleiten es und gipfeln in der Kommunion. Vergleichbar ist auch auf der muslimischen Pilgerfahrt nach Mekka jedes Detail ritualisiert: Worte, Haltung, Bewegung, Kleidung. Rituale sind oft sehr alt und vereinen Komponenten auch aus früheren Religionen in sich. Das Ritual der katholischen Prozession stammt aus dem Hellenismus, also aus der Antike:

Gott verläßt sein Heiligtum und besucht das Profane, die Welt der Menschen.

Kraftorte

Und von wo aus telefoniert man am besten mit Gott? Gibt es Orte, an denen die Kommunikation leichter ist als anderswo – ohne Störgeräusche gewissermaßen? Fast alle Religionen kennen heilige Orte – Orte der Epiphanie. Moderne religiöse Bewegungen wie die Esoterik greifen gern auf alte Monumente als sogenannte »Kraftorte« zurück: Die göttliche »Kraft« oder Energie soll an diesen Orten besonders stark und wirksam sein, wie etwa in Stonehenge oder in Chartres.

Auch der Islam hat einen Ort der Epiphanie: Mekka. Zwar kennt der Islam keine Verkörperung Gottes in irdischen Dingen, doch das geographische Zentrum des Glaubens ist die berühmte Kaaba – jenes würfelförmige Gotteshaus, in dessen eine Ecke der berühmte schwarze Stein eingelassen ist. Nach islamischer Legende stammt er aus dem Paradies, die alten Araber verehrten ihn vermutlich als Gottheit. Archäologische Forschungen und islamische Chroniken beweisen: Das Heiligtum von Mekka war bereits vor dem Islam ein Wallfahrtsort.

Erscheinungen

Alle bisher beschriebenen Kommunikationsformen haben eines gemeinsam: Man kann Gott selbst dabei nicht sehen. Er erscheint in Form eines Kultbildes, eines Rituals oder Mediums, eines Mittlers oder als Stimme. Aber im Jahre 1858 behauptete ein kränkliches Bauernmädchen namens Bernadette Soubirous, sie habe die Muttergottes gesehen. Und verschaffte so dem katholischen Christentum neben Jerusalem seinen wohl berühmtesten Wallfahrtsort.

Die südfranzösische Kleinstadt Lourdes ist Stätte der bekanntesten Marienerscheinung der Welt. Ihre Wunderheilungen sind zum Teil bis heute nicht erklärbar. Am 11. Februar 1858 will Bernadette hier das erste Mal der Jungfrau Maria begegnet sein. Eine Lichtgestalt, die den Rosenkranz betete, so beschreibt das fromme Bauernmädchen die Vision. Von da an erschien ihr die Gottesmutter täglich. Da Bernadette schnell vom örtlichen Polizeikommissar befragt wurde, sind ihre Erscheinungen gut dokumentiert. Schon vierzehn Tage nach der ersten Begegnung fanden sich achttausend Menschen an der Andachtsstätte, einer Felsnische oberhalb einer Quelle, ein. Wunderheilungen verstärkten den Druck auf die Kirche. Bereits 1962 wurde die Echtheit der Erscheinung von der Kirche offiziell anerkannt.

Bernadette starb im Alter von fünfunddreißig Jahren in einem Kloster.

Zweitausend der rund siebentausend seither in Lourdes erfolgten Heilungen gelten als unerklärlich. Touristisch bestens erschlossen, fand Lourdes auch in den Medien ein nachhaltiges Echo. Das Heiligtum ist eines der beliebtesten weltweit. Und irgendwo im Inneren hofft wohl jeder Besucher heimlich, der Mutter Gottes zu begegnen – wie einst Bernadette.

In den monotheistischen Religionen ist Gott in transzendente Ferne gerückt. Aber das Bedürfnis des Menschen nach einer direkten Begegnung ist geblieben. Auch wenn nach christlichem Glauben Gott bei jeder Eucharistie anwesend ist, ja, immer da, »wo zwei oder drei in meinem Namen versammelt sind« – die tieferen Glaubensgeheimnisse bleiben dem Laien fremd. So ist es oft Maria, die für die fühlbare Kommunikation zwischen Gott und Mensch zuständig ist – und die nebenbei beweist: Vielerorts ist Gott noch immer weiblich. Dabei ist es mit dem Verhältnis Gottes zu den Frauen ja so eine Sache …

Gott und die Frauen – Geschichte einer Mesalliance?

Bangalore, Indien – heute. Die dreizehnjährige Tempeldienerin der Göttin Jelamma, nennen wir sie Lakshmi, hat Angst. Sie steht in dem kühlen, nach Blumen duftenden Heiligtum und sieht hinaus, wo die Sonne glühend rot untergeht. Alle anderen Mädchen im Dorf gehen jetzt schlafen. Nicht Lakshmi. Zum ersten Mal hat sie heute vor einer Gruppe von Männern höherer Kasten getanzt. Der Dorfälteste war dabei, und noch viele andere Männer. Normalerweise kommen sie nicht einmal in ihre Nähe, denn Lakshmi gehört zu einer niedrigen Kaste. Doch heute, während sie getanzt hat, hat sie die Blicke der Männer auf ihrem Kinderkörper gespürt. Heute nacht, das weiß Lakshmi, wird einer von ihnen zu ihr kommen. Wird sie anfassen, wie es ihr die älteren Tempeldienerinnen erzählt haben. Ihr weh tun. Sie weiß noch nicht genau, wie. Aber sie weiß, daß es ihre Pflicht ist, ihm zu gehorchen. Weil sie so der Göttin dient. Und sie hat Angst.

So wie Lakshmi geht es vielen Kindern in Indien. Im Namen Gottes werden sie zur Prostitution gezwungen. Arbeiten im Tempel als Liebesdienerinnen für die Männer der besseren Kasten. Man redet ihnen ein, sie dienten dadurch der Göttin. Zahlreiche Hilfsprojekte versuchen heute, ihnen den Ausstieg aus der Prostitution und ein Leben in Würde zu ermöglichen. Amnesty International, die Kindernothilfe und viele andere weisen immer wieder darauf hin. Noch viel zu selten werden sie gehört.

Körper und Sexualität

Körper und Sexualität werden in vielen Religionen traditionell der Frau zugeordnet – im positiven wie im negativen Sinn. Von Evas Apfel über Verschleierung bis zur Tempelprostitution reicht die religiöse Bandbreite der Weiblichkeit. Mythen illustrieren die Rolle der Frau und das Verhältnis zur Sexualität.

Daß indische Priesterinnen zugleich Tempelprostituierte sind, ist eine jüngere Erscheinung. Gewöhnlich ordnet man die Tempelprostitution dem alten Orient zu. Tatsächlich geht man davon aus, daß fast alle altorientalischen Religionen sie kannten. Dabei muß man unterscheiden zwischen Geschlechtsverkehr im Rahmen des Rituals (»Heilige Hochzeit«) und der eigentlichen Tempelprostitution: Hier dienen Tempelsklavinnen (sogenannte *Hierodulen*) zum Beispiel Pilgern gegen Geld. Die Einnahmen daraus werden an den Tempel abgeführt.

Die Heilige Hochzeit ist ein Fruchtbarkeitsritual: Sie soll die Fruchtbarkeit von Mensch und Tier, die Verbindung zwischen Erde und Himmel aufrechterhalten. Meist fand sie zwischen der Priesterin einer Fruchtbarkeitsgöttin und dem Priester des Himmelsgottes (beispielsweise Baal) statt – im antiken Kanaan zwischen Baal-Priester und Aschera-Priesterin.

Die Tempelprostitution hingegen ist seit dem alten Orient berüchtigt: als Inbegriff der Versachlichung der Frau in einer männlichen Religion. Bisweilen wird sie als degenerierte Form der Heiligen Hochzeit interpretiert.

Gott und die Frauen

Zumindest seit Gott männlich wurde, scheint sein Verhältnis zu den Frauen gespannt. Bei der feministischen Religionskritik steht vor allem eines im Zentrum: Die traditionellen Religionen seien nur eine Form der Unterdrückung alles Weiblichen. Seit Gott männlich geworden sei, besonders seit dem Monotheismus, hätten seine Anhänger systematisch die alten Kulte zerstört und ihr eigenes Frauenbild von entweder Jungfrau oder Mutter – am besten beides in einer Person – zementiert. Besonders die körperfeindliche Haltung des Christentums steht in der Kritik. Oft wird die Unterdrückung der Frau auch mit dem Raubbau an der Natur in Verbindung gebracht – beide gewissermaßen vergewaltigt vom machtgierigen Patriarchat.

Die feministische Religionskritik stellt ein weibliches Gegenbild zu Gott auf. Ihre Identifikationsfigur ist eine alte Bekannte: die Muttergöttin. Die meisten Darstellungen sind ein Mix aus archäologischen Fakten und eigener Gesellschaftsutopie. Die Religion der »Großen Göttin« soll sich an agrarreligiösen Zyklen und astrologischen Bezugspunkten orientiert haben. Die Religion der Heiligen Mutter Erde wolle alle Lebewesen in Einklang miteinander bringen, statt die Natur wie ein totes Objekt auszubeuten. Die Göttin wird gerne mit dem Mond in Verbindung gebracht (Mondkalender) und als dreigestaltig in drei Lebensphasen wahrgenommen: Jungfrau (verkörpert durch Göttinnen wie Artemis: die »weiße« Göttin der Jugend), Mutter (Demeter, Inanna: die »rote« Göttin der Fruchtbarkeit) und weise Frau (Kali, Hekate: die »schwarze« Göttin von Alter und Tod, aber auch der Magie).

Tatsache ist – das Verhältnis Gottes zu den Frauen ist gespalten. Immer wieder werden Religionen tatsächlich instrumentalisiert, Frauen zu unterdrücken. Alle Religionen?

Die göttliche Raserei

Im Drama *Die Bakchen* des altgriechischen Dichters Euripides zeigt sich ein anderes Bild: Anhängerinnen des orgiastischen Gottes Dionysos jagen bei ihrem Kult wilde Tiere. In Trance hetzen sie wild und kreischend durch die Wälder, greifen sich das nächstbeste Wild und zerfleischen es roh. Blut trieft von ihren Lippen, die leeren Augen verdreht in Raserei, fiebernd vor Mordlust – Weiber wie Hyänen.

Der Sohn einer Teilnehmerin, König Pentheus, ist neugierig. In einem Baum versteckt, will er das verbotene Treiben heimlich beobachten. Keine gute Idee.

Die rasenden Mänaden bemerken ihn. Blutüberströmte Gesichter wenden sich nach oben zu seinem Versteck. Die Weiber zerren an den Kleidern des unglücklichen Jünglings, bringen ihn zu Fall. Verzweifelt versucht er, sich zu befreien, da stürzt das zu einer Fratze verzerrte Gesicht seiner Mutter auf ihn los. Schaum vor dem Mund, die Augen rollend, hört sie nicht, wie er um Gnade fleht. Sie packt seinen Arm, tritt gegen seine Rippen. Doch der junge Mann spürt es nicht mehr. In wilder Raserei reißt ihm die eigene Mutter den Kopf ab.

Die Mänaden – Verehrerinnen des griechischen Gottes Dionysos – sind den sogenannten antiken Mysterienkulten zuzuordnen. Bis heute weiß man wenig über diese Art der Religiosität, da die Kulte geheim und den Eingeweihten vorbehalten waren. Möglicherweise stammen sie aus dem Orient, und das blutige Ritual stellt den Mythos des Vegetationsgottes nach: Der jugendliche Gott stirbt und wird wiederauferweckt. Auch der Kybele-Kult aus Kleinasien gehört zu den Mysterienkulten: Diese dunkle Göttin trägt den Beinamen *Magna Mater*, Große Mutter. Auffälligstes Element des Kybele-Kults waren die ihrer Männlichkeit beraubten Priester. Eine Spielart der alten Muttergöttin?

Die Gottheit als Mutter

Es gibt kaum eine Religion, die keine heilige Mutterfigur kennt. Selbst im Monotheismus hat sie sich gehalten: Im Islam genießt Fatima, die Tochter des Propheten, großes Ansehen, ebenso seine erste Frau Chadidscha als »Mutter der Gläubigen«. Am deutlichsten ist die Verehrung der Mutter aber im Christentum: bei Maria, der Mutter Gottes.

Andere Götter sind im Monotheismus bekanntlich verboten. Das Konzept der Mutter des einzigen Gottes ist religionsgeschichtlich ein Sonderfall.

Nicht ohne Grund wird die ikonographische Ähnlichkeit von Marienbildern mit solchen alter Muttergottheiten hervorgehoben, insbesondere mit Isis und dem Horusknaben – also der ägyptischen Mythologie. Insbesondere im Katholizismus des Mittelmeerraums und Polens spielt Maria eine bedeutende Rolle, nicht nur bei Frauen. In Spanien entwickeln Männer oft eine geradezu erotische Verehrung für sie. Maria ist auch Ausdruck des im Monotheismus meist unbefriedigten menschlichen Bedürfnisses nach göttlicher Epiphanie: Sie ist viel leichter zugänglich als der transzendente Gott oder auch Jesus in seiner Kreuzesmarter.

Schon im Neuen Testament spielt sie eine bedeutende Rolle: als Jungfrau, die durch eine Engelserscheinung erfährt, daß sie ohne sexuellen Kontakt schwanger werden wird (Lukas 1,26–38), als Gebärende und auf der Flucht nach Ägypten (Matthäus 2), als Jesu erste Anhängerin (nach anfänglichem Zögern; Lukas 2,41–49, Markus 3,21 und Johannes 2), als Leidende unter dem Kreuz (Johannes 19,25–27).

Über ihr Leben vor der Geburt bzw. nach dem Tod ihres Sohnes sagen die kanonischen Evangelien nichts. In seiner Schrift gegen den Religionskritiker Celsus führt der Kirchenvater Origines hingegen einen Vorwurf an, der offensichtlich im zweiten Jahrhundert n. Chr. kursierte: Jesu leiblicher Vater sei ein römischer Soldat namens Panthera, nicht Gott.

Davon ist Marias zweiter Aspekt unmittelbar betroffen. Denn Maria ist nach christlicher Überzeugung nicht nur Mutter, sondern auch Jungfrau. Die Mariendogmen der katholischen Kirche heben hervor: Maria sei von der »Erbsünde«, der Sexualität völlig frei. Sie soll daher nicht nur Jesus unbefleckt geboren haben – sie selbst wurde nach Ansicht der Kirche ebenfalls jungfräulich empfangen.

Maria ist mit Abstand die beliebteste Heilige der katholischen Kirche. Visionäre Laien schauen sie, nicht Gott – so wie Bernadette in Lourdes. Für viele Frauen ist sie die weibliche Identifikationsfigur im männlich dominierten Katholizismus. Denn dessen Priesterschaft und gesamte Hierarchie ist noch immer männlich, und Priestern ist selbst die Ehe versagt. In den Mittelmeerländern spielt Maria im religiösen Alltag eine viel größere Rolle als Gott.

Hexenjagden

Gott und die Frauen – eine Liebesgeschichte? Nein, das nun auch wieder nicht.

»Also schlecht ist das Weib von Natur, da es schneller am Glauben zweifelt, auch schneller den Glauben ableugnet, was die Grundlage für Hexerei ist.« 1487 erschien ein Büchlein, das die Welt verändern sollte: Der *Malleus Maleficarum*, der sogenannte »Hexenhammer«. Autor war der

Inquisitor Heinrich Kramer Institoris. Von da an begann ein beispielloser Feldzug gegen eine Sonderform der Ketzerei, die im sogenannten »Hexenmuster« zusammengefasst wurde. Bis zu achtzig Prozent der Verurteilten waren Frauen, vor allem Unverheiratete oder Verwitwete, doch anders als oft behauptet, waren Hebammen nicht überdurchschnittlich vertreten. Auch war es weniger die Inquisition, die quasi von oben Jagd auf Hexen machte. Hexenglaube war Volksglaube.

Die Hauptvorwürfe: durch bösen Zauber Vieh und Felder zu verhexen, Krankheiten und Unfruchtbarkeit zu provozieren. Erstaunlich oft kommt der Vorwurf, das männliche Glied einfach wegzuhexen. Schon der *Hexenhammer* ist explizit frauenfeindlich: Frauen seien für Schwarze Magie anfälliger als Männer. Da sie aus der Rippe des Mannes geschaffen wurden, seien sie schon von der Schöpfung her benachteiligt. Hexen wurden besondere Fähigkeiten nachgesagt – sie sollten fliegen können.

Und schließlich natürlich der Pakt mit dem Teufel. In den meisten Fällen galten sie außerdem als Buhlen des Teufels. Sie standen für ungezügelte Sexualität und vollzogen angeblich beim Hexentanz heidnische Rituale.

Juristisch hatte die Hexerei zwei Aspekte: Die weltliche Gerichtsbarkeit bestrafte den Schadenszauber, die Inquisition den Teufelspakt und die Ketzerei. Beides waren schwere Verbrechen: Hexen wurden gewöhnlich mit dem Tod durch Verbrennen bestraft. Die Hexenjagden fanden in mehreren Wellen bis ins achtzehnte Jahrhundert statt. Insgesamt fielen in Europa geschätzte fünfzig- bis hunderttausend Menschen dem Hexenwahn zum Opfer. Ein bedeutender Unterschied zwischen katholischen und protestantischen Gebieten läßt sich dabei nicht feststellen.

In der Gegenwart haben Hexen eine positive Konnotation: als weise Frauen einer alten, naturmagischen Religion, als Justizopfer oder als selbstbestimmte Frauen, die Opfer männlicher Dominanz wurden. Im Wicca-Kult erleben die Hexen eine religiöse Renaissance. Doch nicht überall hat sich die Beziehung Gottes zu den Frauen so verbessert.

Frauen als Opfer

Laut Weltbevölkerungsbericht der UNO werden jährlich mindestens fünftausend Frauen aus Gründen der Familienehre ermordet. Die Dunkelziffer liegt aber weit höher, da solche Delikte nur selten geahndet werden. Oft werden Ehrenmorde als Selbstmord getarnt und einfach totgeschwiegen.

In der Gegenwart scheint besonders der Islam ein schlechtes Image in Sachen »Gott und die Frauen« zu pflegen. Immer wieder werden muslimische Frauen Opfer von Gewalt. Nicht nur von Fundamentalisten, die den Schleier erzwingen wollen, sondern viel häufiger noch in der eigenen Familie: von prügelnden Ehemännern, als Opfer von Zwangsheiraten oder von sogenannten Ehrenmorden wegen eines »zu westlichen« Lebensstils. Junge Frauen, die von ihren Familien bedroht werden, stehen meist allein.

Dabei kennt das islamische Recht, die *Scharia,* eigentlich gar keinen Ehrenmord – Mord ist Mord. Der Ehrenmord entstammt dem vorderorientalischen Gewohnheitsrecht und war ja früher auch im christlichen Mittelmeerraum verbreitet. Auch die Zwangsheirat ist in den meisten islamischen Rechtsschulen unzulässig. Schwieriger ist es mit der Prügelstrafe – hier stützen sich Befürworter sogar auf den Koran.

Als Gläubige gesteht der Islam den Frauen volle Gleichwertigkeit zu. Gesellschaftlich jedoch sind sie, wie in allen Monotheismen, nicht gleichberechtigt. Sonderregeln und die Oberhauptstellung des Mannes in der Familie belegen das. Vor allem die strenge Zurückhaltung, die Frauen in Sachen Sexualität auferlegt wird (Jungfräulichkeit) und die in keinem Verhältnis zur männlichen sexuellen Freiheit steht, ist heute in die Kritik geraten. Der Krieg muslimischer Fundamentalisten gegen die Frauen hat viel mit der christlichen Hexenjagd gemein.

Möglicherweise ist auch hier der Grund in einer Krise zu suchen: In Zeiten der Globalisierung stehen muslimische Männer oft als Verlierer da. Anders als die Frauen haben sie durch die moderne Gesellschaft nicht nur zu gewinnen. Dennoch sollte man Gottes gespaltenes Verhältnis zu den Frauen nicht auf einen Geschlechterkampf reduzieren: Statistiken belegen, daß gerade der Fundamentalismus zu einem großen Teil auch von Frauen getragen wird.

Der Gott der Zukunft

Wie wird der Gott der Zukunft sein? Vielleicht der Gott der Schriftstellerin Arundhati Roy – ein »Gott der kleinen Dinge«?

Gott hat alle Spekulationen über seinen Tod und das Ende der Religionen überlebt. Ja, mehr noch – er scheint heute vitaler als noch vor zwanzig Jahren. Leiden und Sterben Papst Johannes Pauls II. wurden wie eine Heiligenlegende von den modernen Medien dokumentiert. Sein Begräbnis wurde zum Medienspektakel. *Santo Subito* lautete die Parole – sprecht ihn ohne die übliche Wartezeit heilig!

In den USA ist der Trend zur Religion schon lange zu beobachten: In manchen Regionen erhalten Kinder keinen Biologieunterricht nach wissenschaftlichen Kriterien, weil Darwins Evolutionstheorie religiösen Kreisen ein Dorn im Auge ist. Statt dessen werden *Intelligent Design* (Lenkung der Entwicklungsgeschichte durch

Gott) oder gar die Schöpfung in sieben Tagen gelehrt.

Noch auffälliger ist das Wiedererstarken der Religion im Islam. Der immer aggressivere Einfluß der radikalen wahhabitischen Ideologie, die aus Saudi-Arabien kommt, hat zu einem neuen Fundamentalismus geführt. Türkische Studentinnen kämpfen für das Kopftuch. Den Libanon, das Land der vielen Religionen, stürzt die Hisbollah in einen Krieg mit Israel. Syrien, einst sozialistische Hochburg, hängt heute mehr und mehr am Tropf der streng religiösen Golfstaaten.

Aber nicht nur in »Kreuzzügen« und bei Fernsehpredigern, auch im weniger spektakulären Rahmen ist Gott wieder da. Frauen treffen sich zum Hexensabbat oder zum privaten Kult der Großen Göttin. Keltische Feste wie das Frühlingsfest Beltaine werden in Edinburgh inszeniert, Heilige Hochzeit inklusive. Die Mitglieder der britischen *Druids Society* (Druidengemeinschaft) feiern in Stonehenge ihre Rituale – mit einer Sondererlaubnis für das ansonsten gesperrte Gelände. In Afrika wird immer öfter der Schamane statt des Arztes gerufen, und in Indien boomen Serien, deren Stars die Hindu-Götter sind. Im Internet kann man virtuell Dschihad gegen kleine Monster führen, und mitten in Europa wird allen Ernstes darüber diskutiert, den Biologieunterricht mit Glaubenslehren wie *Intelligent Design* anzureichern. Begünstigt durch eine nie dagewesene Glaubensfreiheit ist der sogenannte »Markt der Religionen« lebendiger denn je – aber auch umkämpfter denn je. Vom kleinen Wicca-Kult bis zum islamischen Fundamentalismus hat der Kampf um die Seelen gerade erst begonnen.

Welche Zukunft wird Gott haben? Hat er (oder sie) Pläne?

Der Autor Jack Miles sieht in Gottes Schaffen und seiner Entwicklung ein großes Decrescendo. Angefangen hat Gott als Kraftkerl. In archaischem Selbstbewußtsein, in einer Art jugendlicher Selbstüberschätzung und Überschwang hat er die Welt geschaffen. Doch dann mußte Gott feststellen, daß die Dinge nicht immer so laufen, wie sie sollen. Der Sündenfall von Adam und Eva habe ihm vor Augen geführt, daß man nicht alles nach Wunsch steuern kann. Zuerst habe er mit der Sintflut versucht, noch einmal von vorne anzufangen. Dann aber habe er den jugendlichen Leichtsinn überwunden und sei weiser und älter geworden. Und schweigsamer. Seine Zurückhaltung, heute noch in die Welt einzugreifen: ein Mangel an Motivation.

Gott als frustrierter Uhrmacher, der sein Werk einmal angestoßen und sich jetzt zurückgezogen hat? Und wir, die Menschen? Was sollen wir tun in einer Welt, aus der sich Gott zurückgezogen hat?

Nach Gott. Die Zukunft der Religionen, das Buch des BBC-Theologen Don Cupitt, entwirft ein Modell für eine neue Form von Religion. Eine Religion ohne den alten Absolutheitsanspruch des Monotheismus: als Instanz, die sich vor allem ihrer sozialen Aufgabe stellt. Auch die Religionen hätten einen Sündenfall zu verzeichnen, so Cupitt: die Sünde, absolut und die einzige sein zu wollen. Von diesem Anspruch müsse man sich verabschieden. Den Pluspunkt der Religionen sieht der Autor in ihrem leicht verständlichen Symbolsystem. Die Religionen müßten ihre Machtansprüche einschränken und zum sozialen Ethos zurückfinden. Warum? Um fit zu sein für die Zukunft. Denn sonst würden ihnen säkulare Gesellschaftsmodelle das Wasser abgraben.

Für Don Cupitt ist die Religion der Zukunft eine Religion der Menschen. Aber was wird aus Gott? Was ist seine Zukunft?

Das wissen die Götter.

Bildung - kein Buch mit sieben Siegeln mehr. Hier erhalten Sie eine „virtuelle" Stadtführung, die es Ihnen erlaubt, mühelos einzutauchen in die Welt der europäischen Bildung.

Vergessen Sie alle langweiligen „Bildungsmaßnahmen", die Sie in Ihrem Leben bislang kennengelernt haben. Jonathan Byron legt uns ein aufregendes Bildungsbuch vor. Er erweist sich als charmanter und kenntnisreicher Cicerone durch „Piazza Europa", dem sich jeder anvertrauen kann, der sich ohne Anstrengung mit den Essentials von Kultur und Geschichte, Philosophie und Wissenschaft und nicht zuletzt der Lebenskunst vertraut machen möchte.

Dieses Buch ist ein Guide für mußevolle Flaneure – einzigartig, unterhaltsam, überraschend. Und unverwechselbar.

ISBN 978-3-85179-053-5

Covergestaltung: Christina Krutz, Riedstadt
Layout und Satz: Christine Paxmann text • konzept • grafik,
München
Druck und Bindung: Grasl Druck & Neue Medien, Bad Vöslau

www.thiele-verlag.com